Abraham Hoffmann

Rene Descartes

Hoffmann, Abraham

Rene Descartes

ISBN: 978-3-86741-652-8
Auflage: 1
Erscheinungsjahr: 2011
Erscheinungsort: Bremen, Deutschland

© Europäischer Hochschulverlag GmbH & Co KG, Fahrenheitstr. 1, 28359 Bremen

www.eh-verlag.de

Bei diesem Titel handelt es sich um den Nachdruck eines historischen, lange vergriffenen Buches aus dem Jahre 1905. Da elektronische Druckvorlagen für diese Titel nicht existieren, musste auf alte Vorlagen zurückgegriffen werden. Hieraus zwangsläufig resultierende Qualitätsverluste bitten wir zu entschuldigen.

Rene Descartes

Vorwort.

Frühere Arbeiten über Einzelprobleme der Cartesischen Philosophie haben mich zur Herstellung dieser Monographie angeregt.[1]) Eingehendes Quellenstudium liegt ihr zugrunde. Im ersten Teile kam es mir darauf an, die geistige und philosophische Entwicklungsgeschichte Descartes' möglichst scharf herauszuarbeiten, im zweiten Teile legte ich Wert auf eine vorurteilslose, ich möchte sagen tolerante Auffassung seines philosophischen Systems.

Das ausführliche Inhaltsverzeichnis soll nur eine Art Notbehelf darstellen, jedenfalls keineswegs den Leser zu einer aphoristischen Lektüre verleiten. Ich citiere Descartes' Briefe nach der neuen Akademieausgabe (A), seine übrigen Schriften nach Cousin (C).

Berlin, Oktober 1905.

Der Verfasser.

---

[1]) Die Lehre von der Bildung des Universums bei Descartes in ihrer geschichtlichen Bedeutung. Archiv f. Geschichte der Philosophie B. XVII, I. Descartes' Vorgänger und seine naturphilosophischen Anschauungen (S. 237—271). II. Descartes' kosmogonische Anschauungen und seine Einwirkung auf die Folgezeit (S. 371—412).
Zur geschichtlichen Bedeutung der Naturphilosophie Spinozas. Zeitschr. f. Philosophie und philosoph. Kritik. B. 125 (S. 163—186).

Inhalt.

Erster Teil.

Descartes' Leben und philosophische Entwicklung.

	Seite
Erstes Kapitel: Kindheit und Schule	3

1. Einleitendes. 2. Erste Kinderjahre. 3. Machtstellung der Jesuiten in Frankreich. 4. Näheres über den Ort La Flèche. 5. Erziehungsmethode der Jesuiten. 6. Über den Charakter des Jesuiten-Collège La Flèche. 7. Humanistische Studien. 8. Scholastisch-philosophische Studien. 9. Über Descartes' Bildungsdrang.

Zweites Kapitel: Periode des Skeptizismus . . .   16

1. Skeptische dem Weltleben zugewandte Gesinnung. 2. Pariser Gesellschaftsleben und sein Einfluss. 3. Freundschaft mit Mersenne. 4. Mydorges wissenschaftlicher Einfluss. 5. Wissenschaftliche Studien und ernste Vorsätze für die Zukunft. 6. Die Kriegsjahre und ihre Bedeutung. 7. Dienstzeit in Holland. 8. Anregungen Beeckmanns. Physikalische Entdeckungen. Mangel an System in Descartes' damaliger Forschungsweise 9. Musiktheoretische Studien und ihr Einfluss auf seine philosophische Denkungsart. 10. Vorübergehende mystische Naturstimmung und ihre Ursache.

Drittes Kapitel: Periode der systematischen Wissenschaftsforschung   41

1. Der Skepticismus befriedigt Descartes nicht mehr. 2. Kriegsdienste in Deutschland. 3. Verzweifelte Stimmung im Winterlager an der Donau. 4. Wiederkehr des wissenschaftlichen Selbstvertrauens. 5. Rosenkreuzer. 6. Notwendigkeit und Nutzen einer allgemeinen Wissenschaftslehre. 7. Ihre Ableitung aus der Mathematik. 8. Über die einfachsten Elemente der Wissenschaftslehre. 9. Schwierigkeiten, welche die ge-

wöhnliche Methode der Geometer ihrer weiteren Entwicklung in den Weg legt. 10. Auffindung der wahren mathematischen Methode. (Analytische Geometrie.) 11. Über ihre Anwendung auf die anderen Wissenschaften. 12. Charakter der Wissenschaftstheorie. Gegensatz zu Baco. 13. Notwendigkeit einer provisorischen Ethik. 14. Bekanntschaft mit dem Mathematiker Faulhaber. Aufenthalt in Prag. Weitere Kriegsdienste. 15. Aufgabe des Soldatenlebens. Reisen in Nordeuropa. Kurzer Aufenthalt in Frankreich. Abneigung gegen einen festen Beruf. 16. Italienische Reise. 17. Längerer Aufenthalt in Paris. Bekanntschaft mit Gibieuf, de Beaune und Morin. 18. Über Descartes' Freundschaft mit dem Schriftsteller Balzac. 19. Optische Studien. Entdeckung des Lichtbrechungsgesetzes. 20. Descartes in der Pariser Gesellschaft. 21. Belagerung von La Rochelle. 22. Die Wissenschaftslehre genügt den Anforderungen Descartes' nicht mehr.

Viertes Kapitel: Grundlegung der Metaphysik . . 80
1. Descartes zieht sich in die Niederlande zurück. Näheres über die dortigen Zustände. 2. Verwerfung aller dogmatischen Voraussetzungen. Allgemeine metaphysische Grundlegung. 3. Es fehlt ihr noch die systematische Durchbildung. 4. Beschäftigung mit den mannigfachsten naturwissenschaftlichen Problemen. Heitere Stimmung des Philosophen. 5. Ausarbeitung einer Weltbildungstheorie. Die Gründe, weswegen das Werk nicht veröffentlicht wird. 6. Über Descartes' Beurteilung der wissenschaftlichen Verdienste Galileis 7. Liebesverhältnis zwischen Descartes und einer Holländerin. 8. Herausgabe einer Reihe wissenschaftlicher Werke. Charakteristik der Abhandlung über die Methode. 9 Die Dioptrik. Technische Begabung des Philosophen. 10. Über die Meteore. 11. Geometrie. Über die Ausdehnung und Grenzen der mathematischen Wissenschaft. Höhere Analysis. Descartes' Verhältnis zu den abstrakten Problemen der Mathematik. Unvollkommenheit der Naturphilosophie.

Fünftes Kapitel: Systematische Durchbildung der Metaphysik 106
1. Allgemeiner Eindruck der veröffentlichten Schriften. 2. Descartes' Bemühungen um die Gunst der Jesuiten. Anregende Wirkung der wissenschaftlichen Einwürfe. 3. Fermat, Roberval, Pascal, und ihre Angriffe. 4 Günstige

Aufnahme in holländischen Kreisen: Huygens, Reneri, Regius 5. Über den Charakter der Meditationen 6. Über das Interesse, das die Objektionen darbieten: Gassendi, Hobbes, Arnauld. 7. Über den Aufenthalt in Endegeest. 8. Die Prinzipien der Philosophie und ihre Bedeutung. 9. Über den Fanatiker Voetius. Der Abfall des Schülers Regius. 10. Die Prinzessin Elisabeth und ihr Verhältnis zu Descartes. Ihr Einfluss auf die Ausgestaltung seiner Psychologie und Ethik. 11. Reisen nach Frankreich. Aufnahme in Paris. 12. Übersiedlung nach Schweden. Königin Christine und ihr Verhältnis zu Descartes. 13. Unbehagen, durch den Aufenthalt am schwedischen Hofe verursacht. Krankheit und Tod.

Zweiter Teil.
Das metaphysische System.

Sechstes Kapitel: Allgemeine metaphysische Grundlagen 129
1. Radikaler Zweifel. 2. Gewissheit des Selbstbewusstseins. 3. Kriterium der Gewissheit. Gemeinbegriffe. 4. Gottesbeweise. 5. Über den Wert dieser Beweise. Über den Rationalismus der Kritik Kants. Begriff der philophischen Wahrheit. 6. Descartes' Urteil über andere Arten von Gottesbeweisen. 7. Über das Urteilsvermögen und die Ursachen, warum es uns zuweilen täuscht. 8. Selbständigkeit des Geistes. Realität der Aussenwelt. 9. Der menschliche Leib. Objektivität der geometrischen Eigenschaften, Subjektivität der Sinneswahrnehmungen. 10. Über den Dualismus im Systeme Descartes'. Über Monismus und Dualismus in der Philosophie. 11. Über die verschiedenen angeborenen Vorstellungen. 12. Über das Verstandeselement in aller sinnlichen Wahrnehmung. Vergleich mit den Anschauungen Kants. 13. In welchem Sinne sind gewisse Vorstellungen dem menschlichen Geiste angeboren.

Siebentes Kapitel: Naturphilosophie 152
1. Ihr radikaler mechanischer Charakter. Kritik der Subjektivität der Sinneswahrnehmungen. 2. Identität zwischen Körper und physischer Ausdehnung. Unmöglichkeit eines leeren Raumes und letzter unteilbarer Teile (Atome). 3. Über die unendliche Ausdehnung der Welt. 4. Die Bewegung, das belebende Moment im Weltall. Die Konstanz

Seite

ihrer Gesamtsumme. 5. Trägheit der Materie Allgemeine Bewegungsgesetze. Stossgesetze. Über die Bedeutung der apriorischen Naturgesetze. 6. Natur der festen und flüssigen Körper. Mängel der Theorie. 7. Entstehung des Weltalls (Wirbeltheorie). 8. Fehler und Vorzüge der Cartesischen Physik. 9. Mechanische Erklärung des Organismus. Die Tiere haben keine Seelen. 10. Erklärung dieser seltsamen Paradoxie. 11. Kritik der biologischen Anschauungen.

Achtes Kapitel: Psychologie und Ethik 177
1. Über die Wechselwirkung zwischen Leib und Seele. 2. Näheres über den menschlichen Körper. 3. Über die speciellen Einwirkungen der Seele auf den Körper von der Zirbeldrüse aus. 4. Das Wesen der Seele und ihrer verschiedenen Funktionen. Aktive und passive Funktionen. 5. Die Gefühle und Affekte, ihre Bedeutung. 6. Die sechs Grundaffekte. 7. Die körperlichen Begleiterscheinungen der Affekte. 8. Über die Mittel, die Affekte im Zaum zu halten, ihre Wichtigkeit für das menschliche Leben. 9. Über das Wesen der Ethik. 10. Religion. 11. Schlussbetrachtung.

Erster Teil.

Descartes' Leben und philosophische Entwicklung.

Erstes Kapitel.

Kindheit und Schule.

1. Sieht man sich um nach einem charakteristischen Merkmal, das im stande ist, die neuere Philosophie zu kennzeichnen, und das gleichzeitig den allerschärfsten Gegensatz allen früheren philosophischen Gedankenbildungen gegenüber verrät, so ist der Ausgangspunkt von der Selbstgewissheit des menschlichen Bewusstseins entschieden an allererster Stelle zu nennen.

René Descartes, Frankreichs grösster Philosoph, ist es gewesen, der dieses neue Prinzip in die Philosophie eingeführt, der es zum Grundstein seines philosophischen Systems gemacht und damit der Welt die allererste wahrhaft moderne Weltanschauung dargeboten hat.

2. Descartes entstammt einer alten begüterten Adelsfamilie aus der Landschaft Touraine — dem heutigen Departement Indre-et-Loire —, die zu den edelsten und angesehensten der Landschaft gehörte. So ist er glücklicher Weise nicht zu jenen Genies zu rechnen, die die Natur, gleichsam als hätte sie genug getan mit der ihnen verliehenen reichen geistigen Aussteuer, in dürftige und ärmliche Verhältnisse hineinversetzt, aus der nur die mit der grössten Willensenergie Begabten sich emporringen können.

Es ist die kleine, schön gelegene Stadt La Haye, in der unser Philosoph am 31. März 1596 das Licht der Welt erblickte. Er war ein Kind von überaus zarter und schwächlicher Konstitution und vielleicht hat nur das milde Klima, in dem er seine ersten Jahre zugebracht, daran schuld, dass die Ärzte, die dem Neugeborenen einen baldigen Tod prophezeit hatten, nicht recht behielten. Der kleine René war das dritte Kind, das seinem Vater Joachim Descartes von seiner ersten Frau geschenkt wurde. Die Mutter starb ein Jahr nach der Geburt des Kindes an einer Lungenentzündung. So ging jetzt die Sorge um die Pflege und die Auferziehung des Knaben ganz und gar auf den Vater über. Wie getreulich er dieser nachkam trotz seiner baldigen zweiten Heirat, das beweist auf das überzeugendste die dauernde Liebe und Anhänglichkeit, die unser Philosoph ihm gegenüber stets gezeigt hat. Solch innige Beziehungen wie mit seinem Vater unterhielt Descartes in seinen späteren Lebensjahren keineswegs mit den übrigen Mitgliedern seiner Familie, und namentlich war es sein ältester Bruder, der ihm seinen Verzicht auf einen standesgemässen Beruf nicht verzeihen konnte.

Klein und schwächlich, wie der Knabe war, musste er längere Zeit, als es sonst üblich ist, der Obhut von Frauen anvertraut und aufs sorgfältigste geschont werden. Wie überraschte und belohnte er aber seine Pfleger, als er trotz seiner zarten Gesundheit die glücklichsten geistigen Anlagen entwickelte und eine heitere Gemütsart zeigte, die etwas wirklich Rührendes hat, wenn man bedenkt, wie sehr er infolge seiner schwächlichen Konstitution mehr als andere Kinder körperlichen Schmerzen ausgesetzt war, wie er beständig unter einem Husten zu leiden hatte, den er bis über das zwanzigste Lebensjahr hinaus nicht beseitigen konnte. Dieser glücklichen Gemütsart hat er es, seinen eigenen Aussagen zufolge (A. IV. 220—221)[1]), zu danken, dass seine

---

[1]) Ich zitiere Descartes' Briefe nach der neuen Akademie-Ausgabe (A.), seine übrigen Schriften nach Cousin (C.).

bleiche Gesichtsfarbe und der Husten allmählich geschwunden sind, die er beide von seiner früh verstorbenen Mutter geerbt hatte.

René war nicht nur ein begabtes, sondern auch ein ernstes und nachdenkliches Kind. Sein Vater soll ihn, wie Baillet, Descartes' erster ausführlicher Biograph, uns berichtet (Baillet I, 16), „seinen kleinen Philosophen" genannt haben wegen seiner unermüdlichen Wissbegier, mit der er ihn nach den Ursachen und Wirkungen alles dessen befragte, was seine kindliche Aufmerksamkeit erregte.

Bei der heiteren und zugänglichen Gemütsart des Knaben wird es uns nicht wundernehmen, wenn wir von seiner Zuneigung zu einem kleinen gleichaltrigen Mädchen hören. Es ist der Philosoph selbst, der uns mehr als vierzig Jahre später von dieser Episode aus seiner Kindheit erzählt (A. V, 57). Es ist eine bekannte Tatsache, die wohl jeder schon mal erlebt haben dürfte, dass, wenn wir einem Menschen im Leben begegnen, der in seinen Gesichtszügen irgendwelche Ähnlichkeit mit einer uns sympathischen Persönlichkeit hat, dieser Umstand uns angenehm auffällt, uns im günstigen Sinne für diese neue Bekanntschaft einnimmt, ja oft der zufällige Anlass zu dauernden Freundschaften wird. Die Ähnlichkeit braucht uns dabei durchaus nicht zum Bewusstsein zu kommen. Sehr oft kommt es vor, dass wir uns erst später über den Grund unserer Zuneigung Rechenschaft geben können. So erging es auch unserm Descartes. Das kleine Mädchen, das er liebgewonnen hatte, schielte ein wenig, und diesem Umstande war es zuzuschreiben, dass er später an Menschen, die an dem gleichen Gebrechen litten, von vornherein ein gewisses Gefallen fand. Erst viele Jahre nach jenem Ereignis, als er sich des Grundes dieser seltsamen Erscheinung bewusst wurde, gewannen Personen mit dieser körperlichen Anomalie keine Anziehungkraft mehr in seinen

Augen. Ich hätte über diesen Vorfall nicht so ausführlich berichtet, wenn er nicht zeigte, einen wie tiefen Eindruck jenes kleine Mädchen auf das Kindergemüt des Knaben gemacht hat, einen Eindruck, der sich noch Jahre lang durch seine Folgen bemerkbar gemacht, und der dem einundfünfzigjährigen Manne noch klar genug vor Augen steht, um als Beispiel in einer ausführlichen Auseinandersetzung über die Natur der Liebe zu dienen. An diesem Orte hat uns Descartes einmal, was sonst recht selten von seiner Seite aus geschieht, einen kleinen Blick in sein Gefühlsleben tun lassen, handelt es sich dagegen um rein intellektuelle Kämpfe und Entwicklungen, dann gibt er, wie wir später sehen werden, mit einer ausserordentlichen Zwanglosigkeit und Freimütigkeit von seinen inneren Wandlungen der Welt Rechenschaft.

Bei der so früh hervortretenden geistigen Begabung des jungen Descartes wurde von seinem Vater viel Gewicht auf die Fürsorge für seine intellektuelle Erziehung gelegt. Bis zu seinem achten Jahre konnte ein leichter Elementarunterricht hinreichen, um die Wissbegierde des regsamen Kindes zu stillen. Peinlich wurde dabei beachtet, dass die Gesundheit des ohnehin schwachen Knaben dabei keinen Schaden litt.

3. Als indes der kleine René das achte Jahr erreichte, da dachte man ernstlich daran, ihm eine höhere Ausbildung zukommen zu lassen. Gerade zu dieser Zeit war in La Flèche von den Jesuiten ein neues Collège eröffnet worden. Da es vom König Heinrich IV. besonders begünstigt wurde und eines seiner vornehmsten Zwecke die geistige Ausbildung des französischen Adels sein sollte, wird man sich nicht wundern, wenn Descartes' Vater hier die beste Unterkunftsstätte für seinen Sohn gefunden zu haben glaubte.

Tatsächlich gehörte auch der höhere Unterricht, wie er in damaliger Zeit von dem so überaus unternehmungslustigen Orden erteilt wurde, zu dem besten, der überhaupt zu haben war. Es hat nichts Auffallendes an sich, wenn die Väter Jesu auf diesen Zweig ihrer Tätigkeit besonderes Gewicht legten, war es doch vielleicht ihre schärfste Waffe in dem Kampfe mit dem immer mehr erstarkenden Protestantismus und dem immer lebendiger werdenden nationalen Bewusstsein der europäischen Völker, zwei Faktoren, die das internationale Reich der katholischen Kirche vollständig zu zertrümmern und ihr Oberhaupt zu einem blossen Schattenkönig zu machen drohten.

In Frankreich hatten die Jesuiten damals gute Zeiten. Das Verbannungsedikt, das sie nach dem missglückten Mordanschlag Jean Chatels auf den König getroffen hatte, war aufgehoben worden. Ja noch mehr, der König hoffte in ihnen dauernde Verbündete zu gewinnen und machte ihnen deshalb weitgehende Zugeständnisse. In allen Städten, in denen sich die Bürgerschaft nicht widersetzen würde, durften sie Klöster und Schulen gründen. Selbst am königlichen Hofe wussten sich die klugen Väter eine nicht zu unterschätzende Machtstellung zu sichern. Pater Cotton wurde zum königlichen Beichtvater ernannt und erlangte damit einen grossen Einfluss auf den Gang der Regierung.

Alles dies hatte der König seinem durch die inneren Wirren so schwer heimgesuchten Lande zuliebe getan. Dieser Tendenz hatte nun auch das Collège zu La Flèche seine Entstehung zu verdanken.

4. Es dürfte wohl von Interesse sein, den Ort, in dem unser Philosoph achtundeinhalb Jahre seines Lebens zugebracht hat, Jahre, in denen gerade die Umgebung wohl mit den tiefsten Eindruck auf das für äussere Einflüsse noch so empfängliche Gemüt hinterlässt, etwas näher zu betrachten.

Weltstädtisches Leben herrschte in dem kleinen, am rechten Ufer der Loire gelegenen Städtchen keineswegs, ja es wäre wohl damals ohne alle Bedeutung gewesen, wenn es nicht einen höchst eigenartigen Charakter infolge der vielen Ordensgemeinschaften besessen hätte, die dort dicht nebeneinander wohnten. Ausser den Jesuiten, die jetzt das Ansehen der Stadt beträchtlich erhöhen sollten, sah man dort die Franziskaner und einen ihnen nahestehenden Orden, ferner Barfüsser, Karmeliten, Augustiner und dergleichen.

Übrigens besass der Ort eine angenehme Lage. Versteckt wie er lag in einem anmutigen Tale, war er durch sein reines Klima, durch die ausserordentliche Ruhe, die in ihm herrschte, wie geschaffen zum Studieren. Freilich sonst konnte er nichts bieten, und so wird es uns nicht wundern, wenn hundert Jahre später ein französischer Dichter seinem Herzen über den hiesigen Aufenthalt in folgenden Versen Luft macht:

> La Flèche pourrait être aimable,
> S'il était de belles prisons,
> Un climat assez agréable,
> De petits bois assez mignons,
> Un petit vin assez potable,
> De petits concerts assez bons,
> Un petit monde assez passable:
> La Flèche pourrait être aimable,
> S'il était de belles prisons.

5. Betrachten wir nun etwas näher die Gestaltung des jesuitischen Unterrichts in dem neugegründeten Collège. Die sechs unteren Klassen hatten sich etwa das Ziel des alten humanistischen Gymnasiums gesteckt. Auf die alten Sprachen mussten ja die Jesuiten ihr Hauptaugenmerk richten. Nicht etwa nur, weil das Lateinische, auf das besonderes Gewicht gelegt wurde, die Sprache der Kirche war, man glaubte auch dadurch den Humanismus am besten bekämpfen zu können; es

sollte dem Schüler nicht verwehrt werden, durch die
Kenntnis der alten Sprachen sich eine Vorstellung von
dem geistigen Leben der Griechen und Römer zu verschaffen, die klugen Väter sorgten aber dafür, dass alle
Schriften vom Standpunkt der katholischen Kirche angesehen wurden. So wurde z. B. eindringlich auf die
haltlose, weil von der Religion unabhängig begründete
Moral der Alten hingewiesen. Charakteristisch hierfür
ist eine Äusserung Descartes', die er im Discours aus-
spricht, als er die Schulwissenschaften noch einmal im
Geiste an sich vorüberziehen lässt. „Die ethischen
Schriften der Alten erscheinen mir wie äusserst stolze
und prächtige Paläste, die nur auf Sand und Schlamm
gebaut sind: sie erheben die Tugenden himmelhoch und
lassen sie über alle Dinge in der Welt erhaben erscheinen, aber sie lehren sie nicht genügend erkennen,
und oft redet aus dem, was sie mit einem so schönen
Namen nennen, nichts als Gefühllosigkeit, Stolz, Ver-
zweiflung oder Mord" (C. I, 129). Wir werden sehen,
wie Descartes später in seiner ethischen Theorie soviel
Rücksicht auf die Alten nimmt. Es ist sicherlich nur
die ihm in mancher Hinsicht direkt in Fleisch und Blut
übergegangene Erziehung der Jesuiten gewesen, die ihm
diese harten Worte eingegeben hat.

6. Bevor wir uns nun über den eigentlichen Stu-
dienplan unterrichten, soll noch einiges über die Organisation der Schule vorausgeschickt werden. Die Anstalt,
welche ausser diesen sechs den humanistischen Studien
gewidmeten Klassen einen dreijährigen philosophischen
Kursus unterhielt und, was uns allerdings weniger
interessiert, noch ausserdem zukünftige Theologen vor-
bereitete, wurde von zirka 1200 Schülern besucht. Ein
erheblich kleinerer Teil von ihnen, zu dem auch Descartes
gehörte, wohnte im Internat. Hier wurden die Pensio-
näre unter strenger Aufsicht gehalten. Um 5 Uhr

morgens mussten sie aufstehen und dann wurde der Tag
in relativ eintöniger Weise mit Unterrichtsstunden,
häuslichen Arbeiten und Gebeten ausgefüllt, unterbrochen
nur durch die Mahlzeiten und Erholungsstunden, bis
dann um 9 Uhr alle sich zur Ruhe begaben.

Indessen schon durch die Eigenart des Schüler-
materials musste das Leben in La Flèche äusserst anregend auf seine Bewohner wirken. Aus ganz Frankreich strömte die junge Welt zusammen, um im hiesigen
Collège ihre Ausbildung zu erhalten. So kam zu der
Mannigfaltigkeit von Charakteren und Anlagen, die an
und für sich schon durch die grosse Schülerzahl bedingt war, auch noch die Eigenart der verschiedenen
Volksstämme hinzu, um das Leben und Treiben in der
Schule interessant zu gestalten. Und bei alledem ist
noch garnicht berücksichtigt die Fülle der sozialen
Gegensätze, die hier zum Vorschein trat. Neben Söhnen
von Grafen und Fürsten sass der Bürgerliche, ja oft
der arme Bauernsohn auf derselben Schulbank. Und es
muss den Jesuiten nachgerühmt werden, sie hielten
streng darauf, dass keinerlei Standesunterschiede gemacht wurden, dass nur Begabung und Fleiss den Einzelnen zur Geltung bringen konnten. Wir wissen es
aus Descartes' eigenem Munde, welchen Eindruck alle
diese Umstände auf das Gemüt des Knaben machen
mussten (A. II, 378).

Um den Fleiss und das Interesse der Schüler wachzurufen, wurde mit allen möglichen Mitteln der jugend-
liche Ehrgeiz angestachelt. Die Tüchtigsten durften
sich mit dem Lehrer in der Klassenaufsicht teilen, eine
Einführung, die übrigens auch überaus zweckmässig
war, da bei der grossen Menge der Schüler — oft
waren 2—300 in einer Klasse — der Lehrer jede Über-
sicht über sie verloren hätte. Ferner wurden ihnen
Auszeichnungen aller Art zuteil, öffentliche Schau-
stellungen von guten Arbeiten und Gedichten, Disputa-

tionen der Philosophen und Theologen sorgten dafür, dass ihre Leistungen auch weiteren Kreisen bekannt wurden.

7. Sobald die Schüler die nötige Übung erlangt hatten, wurde in den Unterrichtsstunden nur noch lateinisch geredet, das Französische dagegen ganz und gar vernachlässigt, ja es durfte sogar nur in den Erholungsstunden gesprochen werden. Vielleicht hat gerade dieser Zwang die Vorliebe Descartes' für seine Muttersprache begünstigt. Ist er doch der Mitbegründer der klassischen französischen Prosa geworden, der im Gegensatz zu vielen andern sich auch hinsichtlich des Inhalts seiner Schriften von dem Gedankenkreise der Alten emanzipiert hat, wie sticht er hierin gegen den geistreichen Plauderer Montaigne ab, dessen Essais förmlich überladen sind mit Citaten aus der alten Geschichte, oder gegen seinen Freund Balzac, der sich auch nicht enthalten konnte, in seinen formvollendeten Briefen die Griechen und Römer als Muster zu benutzen. Und doch war für Descartes die Verführung so gross, auch seinerseits gleiche Tendenzen zu verfolgen. Fast unübersehbar ist die Fülle von alten Schriftstellern, mit denen er durch den Schulunterricht mehr oder weniger vertraut werden musste. Da sind zu nennen unter den Dichtern: Horaz, Ovid, Phädrus, Auszüge aus Tibull, Catull, Martial, Properz, Persius und Juvenal, ferner Seneca, Homer, Pindar, Hesiod, Euripides und Sophokles, unter den Geschichtsschreibern Cäsar, Sallust, Titus Livius, Tacitus, Thucydides und Plutarch, unter den Rednern Cicero, Demosthenes und Isokrates, und endlich unter den Philosophen Plato, Aristoteles und die philosophischen Werke Ciceros. Und mochte auch der Zweck der Gesellschaft Jesu bei dem klassischen Unterricht, um ihre eigenen Worte zu gebrauchen, nur der sein, „dadurch zur besseren Kenntnis

Gottes, unseres Schöpfers und Herrn anzuleiten", den klugen Schüler konnte auch die strenge Zensur, die bei der Auswahl des Stoffes geübt wurde, nicht daran hindern, einen, wenn auch teilweise getrübten und unvollständigen Einblick in die antiken Geistesschätze zu gewinnen.

Wohl finden wir bei Descartes während seiner Schulzeit Zeichen von geistiger Regsamkeit und Begabung vor, sicherlich hat er sich unter seinen Mitschülern durch seine Tüchtigkeit ausgezeichnet (C. I, 125—126), doch seine eigentliche geniale Natur kam hier noch nicht zu ihrer sichtbaren Entwicklung, er war eben kein Wunderkind wie Mozart und Leibniz, die schon so frühzeitig ihre grosse Veranlagung der Welt offenbarten.

8. Indes, als der Vierzehnjährige im Oktober 1609 den philosophischen Kursus begann, einem Zeitpunkt, in dem er gewissermassen die eigentlichen Gymnasialklassen absolviert hatte und sich nun dem höheren Studium zuwenden konnte, da bot sich schon mehr Gelegenheit für ihn, seine eigentümlichen spekulativen Fähigkeiten zu entfalten. Auch konnte wohl die bedeutend kleinere Hörerzahl, die an diesen Kursen teilnahm, es schon weit eher dem Lehrer ermöglichen, auf die individuelle Eigenart der Studenten sein Augenmerk zu richten und so ihre geistige Entwicklung erfolgreicher zu fördern. Der Unterricht war ganz nach dem üblichen scholastisch-mittelalterlichen Zuschnitt. Im Mittelpunkt stand ausser dem heiligen Thomas von Aquino durchaus Aristoteles und seine üblichen Kommentatoren. Die Anschauungen dieses grossen Griechen, eingezwängt in das Prokrustes-Bett der mittelalterlich katholischen Weltanschauung, bekamen die Schüler zu hören in allen Zweigen der Philosophie, mochte es sich nun um Logik, Metaphysik oder Physik handeln, kein aufklärendes

Wort eines modernen Naturphilosophen, nichts von den epochemachenden Entdeckungen eines Kopernikus, eines Kepler drang in die sorgsam abgeschlossenen Studierräume des Ordens, es sei denn, um sie gleichzeitig aufs schärfste mit dem ganzen aufgebotenen Rüstzeug der Dialektik zu bekämpfen. Und wenn sie wirklich in keiner feindlichen Absicht erwähnt wurden, so musste es sich um etwas ganz Harmloses, dem Kirchenglauben nicht im geringsten Gefahrbringendes handeln. So bekam Descartes im Sommer des Jahres 1610 bei einer Totenfeier für den durch Mörderhand gefallenen König Heinrich IV. vielleicht zum erstenmale in seinem Leben den Namen Galilei zu hören, dessen Aufsehen erregende Entdeckung der Jupitertrabanten in einem dem Verstorbenen gewidmeten Sonett erwähnt wurde.[1]) Sicherlich wäre dies nicht geschehen, wenn die Jesuiten in La Flèche eine Ahnung davon gehabt hätten, welche Kämpfe jener berühmte Physiker später mit der Kirche auszufechten hatte.

Indes bei alledem ist zu bedenken, dass zur damaligen Zeit auf fast allen Universitäten, eine verschwindende Anzahl von aufgeklärten Köpfen unter den Lehrern ausgenommen, der philosophische Unterricht nicht im geringsten höher stand. Und weiter ist es entschieden anzuerkennen, dass die intensive dialektische Schulung, die den Studenten übermittelt wurde, ausserordentlich bildend und anregend auf den Geist einwirkte, ja noch mehr, für den aufgeweckten und unabhängigen Kopf konnte sie zu einem für die Lehrer sehr zweischneidigen Schwerte werden und als vorzügliches Rüstzeug zur Bekämpfung der mittelalterlichen Philosophie dienen. Und so sind es die Jesuiten, denen es Descartes nicht zum wenigsten zu verdanken hat, wenn

---

[1]) Vergleiche über dieses Sonett: Camille de Rochemonteix, Le Collège Henri IV. de la Flèche. I, 148. Diesem Werk habe ich mancherlei Angaben über das Collège entnommen.

er später mit so bewunderungswürdiger logischer Konsequenz sein philosophisches Weltbild entwickelt, unter ihrer Leitung hat er sich die dialektische Schärfe angeeignet, die ihm dereinst zur Bekämpfung seiner Gegner so erfolgreich zu statten kam. Und dankbar hat unser Philosoph auch später anerkannt, wie nützlich ihm der philosophische Unterricht gewesen ist. „Bin ich auch nicht der Meinung, dass alles, was in der Philosophie gelehrt wird, so wahr ist wie das Evangelium, so halte ich es doch für sehr vorteilhaft, da die Philosophie der Schlüssel zu allen anderen Wissenschaften ist, wenn man den ganzen üblichen Kursus durchgemacht hat, wie er auf den Jesuitenschulen gelehrt wird, bevor man sich von der Pedanterie der Schulbildung befreit, um ein wahrhafter Weiser zu werden. Und ich muss meinen Lehrern diese ehrende Anerkennung zollen, dass ich keinen besseren Ort hierfür weiss als La Flèche" (A. II. 378).

Wie hoch man indes auch diese Wertschätzung Descartes' aufnehmen mag, einen tieferen Eindruck in materialer Beziehung hat die scholastische Philosophie nicht einmal zu der Zeit, als sie ihm gelehrt wurde, in ihm erwecken können. Hatte er doch schon auf der Schule gehört, dass man sich nichts so Wunderliches und Unglaubliches vorstellen könne, was nicht von irgend einem Philosophen schon mal ernstlich als wahr anerkannt worden ist (C. I, 138).

Einen besonderen Reiz für ihn hatte das Studium der Mathematik. War dieses doch die einzige Disziplin, die auf sich selbst gegründet war, die unabhängig von Aristoteles vorgetragen werden musste. Indes auch sie konnte ihn auf die Dauer nicht fesseln. Vollkommen getrennt wie sie war von den physikalischen Disziplinen, hatte sie schliesslich auch nur rein formales Interesse. Und wie hätte auch ein innerer Zusammenhang ermöglicht werden können, wo die Physik nach echt mittel-

alterlicher Weise in der Lektüre und Ausdeutung der
Aristotelischen naturwissenschaftlichen Schriften bestand.

9. Der immer mehr erwachende Wissensdrang des
Jünglings begnügte sich keineswegs mit dem, was auf
der Schule geboten wurde. Es war ihm ausserordentlicher Ernst mit seiner geistigen Bildung. Die Erlaub-
nis, länger als die andern im Bette liegen zu bleiben,
die ihm wegen seiner schwachen Gesundheit gewährt
wurde, benutzte er zum einsamen Nachdenken und zur
inneren Selbstbeschau. Es darf uns nicht wundernehmen, wenn der Philosoph, der später mit solchem
Nachdruck auf das Selbstbewusstsein als den sichersten
Grund unseres Wesens hinwies, schon frühzeitig die
Neigung zeigte, sich in sich selbst zurückzuziehen,
schon jetzt zu diesem Mittel griff, das ihm später so
viele Erfolge brachte.

Dabei war er keineswegs ein einsamer Grübler, der
nur in sich selbst die Wahrheit suchte. Er versuchte
mit allen Mitteln seinen geistigen Horizont zu erweitern,
und da ihm nichts anderes zu Gebote stand als die
Lektüre, so wendete er ihr seinen ganzen jugendlichen
Eifer zu. „Ich hatte alle Bücher gelesen, die von den
seltensten und merkwürdigsten Wissenschaften handelten,
deren ich nur immer habhaft werden konnte" (C. I, 125).

So konnten die Lehrer im August des Jahres 1612
beruhigten Herzens ihren Zögling entlassen. Was ihnen
als das wahre Bildungsideal erschien, die Versenkung
in den mittelalterlich-scholastischen Ideenkreis, hatten
sie dem siebzehnjährigen Jüngling übermittelt, er durfte
sich nun zu den „Gelehrten" rechnen.

Zweites Kapitel.

Periode des Skeptizismus.

1. Nachdem Descartes das Collège verlassen hatte, finden wir ihn zunächst in Rennes bei seinen Verwandten wieder, sich mit Reiten und Fechten, sowie überhaupt seinem Stande angemessenen körperlichen Übungen beschäftigend. Zu Anfang des Jahres 1613 wird er nach Paris geschickt. Hier soll er das grossstädtische Leben kennen lernen und seine Gesundheit noch weiter kräftigen, bevor er sich einem bestimmten Berufe widmete.

Auf den ersten Blick scheint eine grosse Veränderung mit dem jungen Menschen vorgegangen zu sein. Er, dessen Ideal vorher nur geistige Studien gewesen sind, gibt sich jetzt ganz und gar den Vergnügungen hin, wie sie sich ihm in dem leichtlebigen Paris darboten. Und er mag es zuweilen toll genug getrieben haben, wenn wir sehen, wie später seine leichtsinnigen Genossen, als er endlich der Zerstreuungen müde sich vor ihnen zurückzog, sich alle nur erdenkliche Mühe gaben, um ihn wieder aufzufinden. Worin ist nun der Grund dieser veränderten Sinnesweise zu suchen? Sollte Descartes wirklich nur deswegen die Studien aufgegeben haben, weil er jetzt, der Schulfesseln ledig und sein eigener freier Herr, nur noch danach trachtete, das Leben von Grund aus zu geniessen. Dem widerspricht sein zu ernsthaft angelegter Charakter, widerspricht die Tatsache, dass er nach anderthalb Jahren sich von seinen vergnügungssüchtigen Freunden vollkommen zurückzog, um sich ernsten wissenschaftlichen Studien zu widmen.

Es war etwas ganz anderes, was ihn dazu veranlasst hatte, die Beschäftigungen, die er auf der Schule getrieben hatte, vollkommen aufzugeben. Es war die Unproduktivität der scholastischen Denkungsweise, die dem Jüngling zum klaren Bewusstsein gekommen war. Er wollte selbst denken, selbst forschen, ein Wissen erwerben, das ihn zum Verständnis der Natur und Welt führte, ihn nicht vom realen Leben abschloss. Er sah mit nur allzu grosser Deutlichkeit die erschreckende Leere und Hohlheit des damaligen Gelehrten, der gar kein wirkliches Existenzrecht hatte, was für eine Rolle er auch im Leben spielte, gestützt durch die reichen Pfründen, mit denen er vom Staate und der Kirche ausgestattet war. Nur die Erfahrungen, die ihm das Leben darbot, nur das Wissen, das er sich durch selbständiges Forschen aneignete, hielt er fortan der Beachtung für wert. Mochte er auch auf diese Art und Weise zu keiner Gewissheit kommen, wie sie ihm die Stubengelehrten vorgetäuscht hatten, mochten auch die Erfahrungen des bunten vielgestaltigen Lebens keine eindeutige Erklärungen zulassen, das selbständige Studium ohne feste Forschungsprinzipien zu keinen festen Ergebnissen führen, ihn verlangte es vorläufig nicht danach. Hatte er ja auf der Schule zur Genüge kennen gelernt, was es mit der vielgerühmten Gewissheit der scholastischen Wissenschaft für eine Bewandtnis hatte.

> Der Philosoph, der tritt herein,
> Und beweist euch, es müsst' so sein:
> Das Erst' wär' so, das Zweite so,
> Und drum das Dritt' und Vierte so;
> Und wenn das Erst' und Zweit' nicht wär',
> Das Dritt' und Viert' wär' nimmermehr.

Hunger nach Wirklichkeit, nach Realität war es, was ihn ganz und gar erfüllte, was ihn zum Aufsuchen

„einer unendlichen Empirie", wie Goethe es nennt (Geschichte der Farbenlehre), veranlasste. „Ich beschloss keine andere Wissenschaft mehr zu suchen, als die ich in mir selbst oder in dem grossen Buche der Natur finden könnte. — Denn es schien mir, als könnte ich in den Schlussfolgerungen, die ein jeder in seinen eigenen Angelegenheiten macht und durch deren Ausgang er alsbald bestraft wird, wenn er sie falsch beurteilt hat, viel mehr Wahrheit finden, als in den unnützen Spekulationen, die der Gelehrte in seinem Studierzimmer anstellt, und die weiter keinen Erfolg für ihn haben, als dass sie ihn vielleicht um so eitler machen, je weniger sie mit dem gesunden Menschenverstand übereinstimmen, weil er dann um so mehr Geist und Geschicklichkeit aufbieten muss, um ihnen den Anschein von Wahrheit zu geben" (C. I. 131).

Nicht bezeichnender hätte Descartes seine damalige skeptische, dem realen Leben zugewandte Stimmung ausdrücken können.

2. Descartes ist nichts weniger als ein Pedant gewesen, und so braucht es uns nicht zu wundern, wenn er fürs erste noch nicht an die Ausführung seiner Pläne dachte, sondern zunächst in vollen Zügen die Freiheit und die Vergnügungen genoss, wie sie ihm die Hauptstadt darbot. Mochte auch das damalige Paris noch nicht so raffinierte Genüsse wie in unserer Zeit der zerstreuungsbedürftigen vornehmen Gesellschaft bieten, es gab dort doch Gelegenheit genug, sich die Zeit in angenehmer Weise zu vertreiben. Ein beliebtes Unterhaltungsmittel bildeten die Promenaden. Die Herren ritten gewöhnlich, wobei sie einander zu überbieten suchten in der Eleganz und Vornehmheit ihrer Ausrüstung, die Damen schlossen sich ihnen an in offenen Wagen, wodurch es ihnen ermöglicht wurde, ohne die geringste Anstrengung ihre reich ausgestatteten und

geschmackvoll gewählten Toiletten spazieren zu führen. Man erfreute sich an den prächtigen Gebäuden, an der schönen Natur und vertrieb sich die Stunden mit mehr oder weniger geistreichen Gesprächen. Nach dem Spaziergang blieb man häufig noch beisammen in einem Privatgarten promenierend. In einer versteckten Laube wurde dann den nichts ahnenden Gästen ein geschmackvoll hergerichtetes Mahl geboten, oder die Gesellschaft befand sich des Abends im Salon in angeregter Unterhaltung begriffen, als von der Strasse her Musikweisen in die geöffneten Saalfenster hineinklangen. Überrascht schauten sich dann die Gäste um, wem von den Anwesenden das Ständchen dargebracht wurde.

Grosse Anziehungskraft übten auch die ebenfalls in Begleitung der Damen unternommenen Jagdpartien in eigens dazu hergerichteten Tiergärten aus. Getanzt wurde damals schon wie heute in allen Gesellschaftsklassen. Am Hofe wurde besonders das Ballett gepflegt, Damen und Herren der vornehmsten Kreise nahmen daran teil, man bot dabei alles auf, durch die ausgewählte Musik, die graziösen Tanzfiguren und die ausserordentlich kostbare Ausstattung den Gästen ein auserlesenes Vergnügen zu bieten.[1])

Überhaupt muss gerade zu dieser Zeit das gesellige Leben in Paris ausserordentlich rege gewesen sein, stand doch die leichtsinnige Mediceerin Maria an der Spitze des Staates, die Regentschaft für ihren unmündigen Sohn, den späteren Ludwig XIII., führend, und man weiss, wie sie Glanz und Pracht liebte, wie die Pflege ihrer Schönheit eine ihrer Hauptsorgen war. Mochten sich die von Heinrich IV. kaum beschwichtigten Unabhängigkeitsgelüste des Adels wieder regen, mochten die durch das Edikt von Nantes mit so reichen Privilegien ausgestatteten Hugenotten das Gemeinwesen be-

---

[1]) Eingehend hat sich mit diesen Verhältnissen Cousin beschäftigt.

drohen, was schadet's, wenn nur Paris sich hinreichend amüsieren kann.

Es ist leicht zu verstehen, wie der Glanz des hauptstädtischen Lebens nicht verfehlte, einen bestrickenden Reiz auf den des Studierzimmers kaum entwöhnten Jüngling auszuüben. Aber wie verführerisch lockend auch Genüsse aller Art ihn umgaben, sie vermochten es doch nicht, ihn vollkommen zu betäuben. Scheinbar ganz und gar den Vergnügungen hingegeben, konnte er doch nicht seine gewissenhafte, nachdenkliche und auf den Grund der Dinge gehende Natur verleugnen. Alles, was er betrieb, ob Vergnügen oder Arbeit, vollbrachte er mit einem gewissen Ernst. Schon in Rennes, als er sich im Fechten übte, hatte er über die blosse instinktive Aneignung dieser Kunst hinauszukommen gesucht und in einer Abhandlung dargelegt, wie man einen vollkommen ebenbürtigen Gegner besiegen kann.[1] Dem Spiele, dem er sich mit einer gewissen Leidenschaft widmete, suchte er ebenfalls die theoretischen Grundlagen abzulauschen, und es interessierte ihn um so mehr, je unabhängiger es vom Zufall war und je mehr es die geistige Aufmerksamkeit herausforderte.

Ein lebhaftes Interesse zeigte Descartes für die musikalischen Genüsse in Paris. Bedenken wir, wie er bald nach seinem ersten Pariser Aufenthalt eine Schrift über die Musik verfasste, die einen ehrenvollen Platz in der Geschichte der Musiktheorie einnimmt und eine Fülle von feinsinnigen und teilweise recht wichtigen Beobachtungen enthält, so können wir uns eine Vorstellung davon machen, mit wie grossem Verständnis er den musikalischen Unterhaltungen beigewohnt hat und wie er sich nicht mit dem blossen Genusse begnügt, sondern auch die geheimnisvolle Technik zu ergründen versucht hat. Während bei den Balletts der Genuss-

---

[1] Die Abhandlung ist verloren gegangen.

mensch damals genau so wie heute sich hauptsächlich
von den Reizen der körperlichen Schönheit und der
Anmut der Bewegungen gefangen nehmen lässt, hatte
Descartes noch Sinn genug, die wunderbaren Wirkungen
der Musik zu beachten, wie sie den Tanzenden gleichsam in einem magischen Zauberbann hält und ihn
zwingt, ein willenloser Ausdruck ihres eigentümlichen
Rhythmus zu werden (C. V, 451).

3. Von dem ganzen Schwarm vergnügungssüchtiger
junger Leute, der sich damals um Descartes geschart
hatte, ist uns kein einziger Name erhalten geblieben,
und wie wir wohl ruhig behaupten dürfen, es entsteht
hierdurch keine Lücke in dem Verständnis der inneren
Entwicklung unseres Philosophen. Anders steht es um
zwei Freundschaften, welche der Jüngling damals in
Paris geschlossen hatte, die für ihn bedeutungsvoll bis
in seine letzten Lebensjahre hinein werden sollten, und
die wohl nicht zum wenigsten dazu beigetragen haben,
ihn dem leichtsinnigen Treiben seiner Genossen zu entziehen.

Den einen von ihnen, Marin Mersenne, hatte er
schon auf dem Collège kennen lernen können, doch
mochte wohl der grosse Altersunterschied zwischen
beiden — Mersenne war fast acht Jahre älter — eine
Annäherung damals verhindert haben. Beide strebten
ganz entgegengesetzten Zielen zu, Descartes wollte Welt
und Menschen kennen lernen, Mersenne hinter friedlichen
Klostermauern sein Leben verbringen. Letzterer besass
eine selten gute Gemütsart und eine Liebenswürdigkeit
und Verträglichkeit im persönlichen Verkehr, die es
ihm ermöglichte, die widerstrebendsten Elemente an sich
zu fesseln, und indem er, veranlasst durch sein all-
seitiges wissenschaftliches Interesse, dies benutzte, um
mit zahlreichen Gelehrten und hervorragenden Forschern
seiner Zeit in rege Verbindung zu treten, hat er sich

ein ausserordentliches Verdienst um die Verbreitung und
Erweckung der damaligen wissenschaftlichen Ideenmassen erworben. Seine eigenen wissenschaftlichen Verdienste sind freilich, abgesehen von der Musiktheorie,
ausserordentlich gering, und blättert man in seinem
dickleibigen Kommentar zur Genesis etwas herum, so
erstaunt man, wieviel des Kleinlichen und geradezu
Lächerlichen darin behandelt wird. Nicht weniger
muss einem in Verwunderung setzen die merkwürdige
Naivität und Gutmütigkeit des jungen Geistlichen, der in
seinem heiligen Eifer in den heftigsten Ausdrücken sich
über die gottlosen Skeptiker und Freigeister ergeht und
dabei keinen Anstand nimmt, mit Leuten wie Hobbes
und Gassendi in den regsten persönlichen und wissenschaftlichen Verkehr zu treten, Männern von der allerentschiedensten positivistischen und sensualistischen
Richtung, die aus ihrer Überzeugung kein Hehl
machten. Durch alle diese Eigenschaften sollte Mersenne
später seinem Freunde Descartes ausserordentlich nützlich werden. Wir werden sehen, wie viele Jahre nach
diesem ersten Pariser Aufenthalt der Philosoph sich in
das ferne Holland zur Ausreifung seiner Gedanken
zurückzieht, und wie er doch dank seinem Freunde einen
regen Ideenaustausch mit der wissenschaftlichen Welt
dabei unterhalten kann. „Ich hatte den grossen Vorteil
zu Lebzeiten des guten Pater Mersenne, dass ich ohne
eigenes Zutun auf das Genaueste von allem, was sich
unter den Gelehrten zutrug, unterrichtet wurde. Durch
ihn erhielt ich Bericht über alle Experimente, die von
ihm oder andern angestellt waren, über alle seltenen
Erfindungen, die man gemacht oder denen man auf der
Spur war, über alle neuen Bücher, die in irgend welchem
Ansehen standen, und endlich über alle bedeutsamen
wissenschaftlichen Diskussionen" (A. V, 365). Bei alledem
muss aber betont werden, ein selbständiger Einfluss auf
Descartes' philosophische Gedankenbildung darf Mer-

senne wohl kaum zugeschrieben werden. Von Descartes erfahren wir es selbst, wie ungeordnet das Wissen seines Freundes war, wie es ihm an eigentlicher Tiefe fehlte, Eigenschaften, die es ihm zwar ermöglichten, an die Probleme heranzutreten, ein wirkliches Eindringen in dieselben aber vollkommen ausschlossen (A. II, 586). Trotz dieser so grossen geistigen Verschiedenheit hat nie ein Missklang die Freundschaft der beiden Männer gestört. War Descartes viel zu edel und feinfühlig, als dass er jemals dem Gefährten seine geistige Überlegenheit gezeigt hätte, so besass wiederum Mersenne ein überaus bescheidenes, jeder Selbstüberhebung fremdes Wesen, wodurch ein Konflikt ganz und gar unmöglich gemacht wurde.

4. Einen anderen Charakter hat das zweite Freundschaftsbündnis, das Descartes zur damaligen Zeit in Paris schloss. Es war eine durchaus auf Produktivität angelegte Persönlichkeit, deren anregenden Einfluss Descartes in dem neuen Bekannten, dem Mathematiker und Physiker Mydorge, erfahren sollte. Aus einer reich begüterten Beamtenfamilie stammend, hatte dieser nach Vollendung seiner gerichtlichen Laufbahn den keinerlei Verpflichtungen mit sich bringenden Titel eines „Schatzmeisters" (Trésorier de France) angenommen, um sich ungehindert wissenschaftlichen Studien hingeben zu können.

In jener Zeit, in der die Wissenschaft an den Universitäten noch lange nicht von dem tiefen Schlaf erwacht war, in den sie der dämonische Einfluss des Aristoteles versetzt hatte, in der sie noch ruhig weiter ihr phantastisches Traumleben fortsetzte, hatten sich ganz im stillen und abseits von der gelehrten Zunft Männer gefunden, die im kühnen Selbstvertrauen auf eigene Hand die Wissenschaften wieder zu beleben suchten. Mochte auch Mydorge nicht heranreichen an die Bedeutung eines Kopernikus, eines Kepler, eines Galilei, so hatte er doch ihren ganzen Enthusiasmus in sich aufgenommen, hatte Talent genug, um in der Geschichte der Mathematik und Optik auch heute noch einen ehrenvollen Platz einzunehmen. Als Descartes die Schule verliess, hatte er geglaubt, dass das wissenschaftliche Leben seiner Zeit ihm nichts mehr bieten könne. Jetzt musste er wahrnehmen, wie beschränkt im Grunde genommen sein damaliges Urteil gewesen war, wie er vollständig die geheimen wissenschaftlichen Unterströmungen übersehen hatte, die dereinst die ganze Welt umgestalten sollten. Wir dürfen wohl mit ziemlicher Sicherheit annehmen, dass gerade jetzt durch den Verkehr mit jenem wissensdurstigen Mathematiker, der in seinem selbstlosen Forschungsdrange ein ganzes Vermögen zur Bestreitung von Experimenten in seinem Leben ausgegeben hat, unserem Philosophen zum erstenmale jene Erkenntnis gekommen ist, und ob früher oder später, kommen musste sie ihm einmal in diesen Jahren seiner Entwicklung. Denn das ist ja der Unterschied des Genies vom gewöhnlichen Kopf, jener kann sich, dem Parvenu vergleichbar, nur das Wissen aneignen, was schon alle innere Fruchtbarkeit verloren hat, was abgestanden und geistlos genug ist, um unter der grossen Masse der Gelehrten zirkulieren zu können; der Mann von Talent dagegen, unbefriedigt von der schmalen Kost dieser „breiten Bettelsuppen", gräbt tiefer in dem Schacht der zeitgenössischen Wissenschaften, bis er auf die in geheimer Tiefe verborgenen Goldadern stösst, die wirklich fruchtbaren Keime neuer geistiger Ideen, die das profane Auge nie entdeckt.

5. Seit dem Herbste des Jahres 1614 erscheint Descartes wie umgewandelt. Der ernste Verkehr mit Mersenne und Mydorge muss offenbar jetzt seine Wirkungen ausgeübt haben. Aus dem geräuschvollen Treiben

seiner Genossen hat er sich entfernt und hält sich vor ihnen verborgen in der stillen Vorstadt Saint-Germain auf,[1]) die Einsamkeit ganz und gar ernsthaften wissenschaftlichen Studien weihend. Baillet berichtet uns, dass er sich vornehmlich mit Mathematik beschäftigte (Baillet I, 38); betrachten wir aber, mit welchem lebhaften und selbständigen Interesse er einige Jahre darauf auf physikalische Erörterungen einging, so gehen wir wohl nicht fehl, wenn wir, wie ja schon vorher nahegelegt wurde, in diese Zeit auch seine erste Bekanntschaft mit der neu erwachenden Naturforschung setzen. Vielleicht hat er schon jetzt mit dem Studium Keplers begonnen, den er später als seinen Lehrer in der Optik anerkennt (A. I, 86). Mit Hochachtung hat hat er indessen auch immer Mydorge genannt, von dem er augenblicklich so viele persönliche wissenschaftliche Anregungen bekommt[2]) (A. I, 501; II, 15. 466).

Geraume Zeit verbrachte Descartes in dem stillen Saint-Germain, als er durch einen Zufall von einem seiner früheren lebenslustigen Bekannten entdeckt wurde. Nun war's vorbei mit seiner wissenschaftlichen Musse. Ganz so wie früher wurde er wieder in den Strudel der Vergnügungen hineingezogen. Allein er konnte nicht mehr mit ganzem Herzen dabei sein. Dieses Leben, wie es die damaligen vornehmen Kreise führten, erschien ihm doch zu leer, zu inhaltlos. Es bot keinen Raum für wirklich andauerndes selbständiges Studium, und die Zukunft, die ihm in Paris winkte, es zu einem blasierten Lebemann zu bringen, stach denn doch etwas

---

[1]) Für längere oder kürzere Zeit muss er damals auch seinen Pariser Wohnort mit Poitiers vertauscht haben.

[2]) Auch juristische Studien muss Descartes damals getrieben haben. Am 10. November 1616 promoviert er zum Baccalaureus und Lizentiaten an der Rechtsfakultät zu Poitiers. Deswegen brauchen aber nicht so erhebliche Korrekturen an Baillets Darstellung vorgenommen zu werden, wie Thouverez meint. (Archiv f. Gesch. d. Philos. B. XIII.)

zu grell ab von den ernsten Vorsätzen, die er sich nach
Verlassen der Schulzeit gemacht hatte, das Leben mit
dem Auge des Philosophen zu betrachten und seinen
Geist von den Vorurteilen und Irrtümern des Durch-
schnittsmenschen zu befreien. Hier gab es nur einen
Ausweg. Er musste fort aus dem leichtsinnigen Paris,
das, wie er fühlte, der Tod für seinen inneren Menschen
zu werden drohte. Wir können uns eine Vorstellung
davon machen, wie sehr sich Descartes in der Hauptstadt in seiner geistigen Entfaltung gehemmt fühlte,
wenn wir sehen, wie er selbst Jahrzehnte danach in
seinen letzten Lebensjahren, wo er sich stets nur kurze
Zeit in Paris aufhielt, eine gewisse geistige Beunruhigung
nicht unterdrücken konnte trotz der vielen Freunde, die
er hier hatte. „Sie werden glauben, dass ich zu ein-
gebildet bin. Aber ich glaube, an diesem Fehler hat
mehr die Pariser Luft als ich selbst schuld. Ich habe
es Ihnen wohl schon früher einmal gesagt, diese Luft
erfüllt mich mit Chimären anstatt mit philosophischen
Gedanken. Und ich sehe hier so viele andere Menschen
mit irrigen Meinungen und Berechnungen, dass ich zu
dem Glauben komme, diese Krankheit ist hier allge-
mein." (A. V, 183.)

6. Um seine Pläne, die Welt ernstlich kennen zu
lernen und dabei auch gleichzeitig seinen Charakter zu
stählen, zur Ausführung bringen zu können, entschloss
sich Descartes, fern von der Heimat in fremde Kriegsdienste zu treten. Es war das damals, so seltsam es
auch unsern Verhältnissen gegenüber erscheinen mag,
die zweckmässigste Art und Weise, das Leben an seiner
Quelle zu studieren. Wenn später Descartes ein idea-
listisches System entwickelt hat, das die Theorien der
Eintagsphilosophen überdauernd in der fruchtbarsten
Weise auf die moderne philosophische Gedankenbewegung
eingewirkt hat, so ist es nicht zum wenigsten dem zu

verdanken, dass der ideale Grundzug seines Wesens so ausserordentlich gekräftigt und vertieft worden ist durch die Berührung und die Auseinandersetzung mit den Verhältnissen des realen Lebens. In den Gefahren und Anstrengungen, wie sie nun einmal das Soldatenleben mit sich bringt, muss ja die Energie des Menschen sich am stärksten entfalten, muss sein moralisches Ich, wenn es kräftig genug ist, um nicht durch die vielen Greuel des Krieges zu verrohen, nur um so mächtiger hervordringen. Wenn Descartes in seinem System mit so ehernem Nachdruck die Souveränität des Geistes, die so gewaltige Kraft des menschlichen Willens hervorhebt, in diesen Jahren hat sich seine Überzeugung entwickelt und ihre Feuerprobe bestanden.

Als sich unser Philosoph zur Kriegerlaufbahn entschloss, war er 21 Jahre alt. Vergegenwärtigen wir uns einmal sein damaliges Äussere, er machte einen durchaus frischen und angenehmen Eindruck. Seine Figur war etwas unter Mittelgrösse, aber wohl proportioniert, der Kopf allerdings ein bisschen gross im Verhältnis zum Rumpf, Haar und Augenbrauen ziemlich schwarz, die Stirn breit und ein wenig vorgerückt. Seinem Stande entsprechend trug er Federhut, Schärpe und Degen, wer hätte in dem jungen Freiwilligen mit der frischen und gesunden Gesichtsfarbe den bleichen schwächlichen Knaben von ehedem wiedererkannt?

Descartes hat es vermieden, an den inneren Kriegen, die damals in seinem Vaterlande tobten, teilzunehmen. Wie hätte wohl auch einer, der ein Herz für sein Geburtsland hatte, diesen inneren Wirren gerne beiwohnen mögen, in die das damalige Frankreich durch die Hugenotten und den unruhigen hohen Adel verwickelt war, Zustände, die das schwer geprüfte Land noch zur vollkommenen Anarchie hätten führen können, die herrschende Dynastie jedenfalls wohl sicher gestürzt hätten, wenn nicht einige Jahre darauf der energische Richelieu in den Staatsrat berufen worden wäre, der mit rücksichtsloser und grausamer Härte die widerstrebenden Elemente unterdrückte.

7. Es waren die aufstrebenden, freiheitlich gesinnten Niederlande, in deren Dienst unser junger Philosoph trat. Im Jahre 1617, in dem wir uns jetzt befinden, war der Waffenstillstand, den die vereinigten Staaten mit Spanien geschlossen hatten, noch nicht abgelaufen. Trotzdem war von eigentlicher Ruhe bei den Soldaten nichts zu merken. Fürst Moritz von Nassau hielt die Truppen durch militärische Übungen fortwährend in Atem. Der Statthalter hatte sich bereits durch seine tapfere und geschickte Kriegsführung einen Namen in ganz Europa gemacht. Ausserdem besass er eine vorzügliche theoretische Ausbildung. Unter Leitung des berühmten Physikers Simon Stevin hatte er mit grossem Erfolg Mathematik und die andern zum Kriegswesen gehörigen Wissenschaften studiert. Sein Hauptquartier lag in Breda. Hierher kam nun Descartes inmitten einer Schar junger französischer Edelleute, um dem befreundeten Lande seine Dienste anzubieten. Sah es doch Frankreich durchaus nicht ungern, wenn seine Landeskinder sich an der Bekämpfung der spanisch-österreichischen Dynastie beteiligten. Wiewohl Descartes hier in Holland den eigentlichen Krieg noch nicht kennen lernte, hat er seinen dortigen Aufenthalt nicht zu bereuen gehabt. Befand er sich doch hier zum erstenmale in einem ganz fremden Lande. Die andersartigen Sitten, die freiheitliche, aufopferungsfreudige Gesinnung der Bewohner hätten selbst einer weniger nachdenklichen Natur, als sie unser Philosoph besass, eine reiche Fülle von dauernden Anregungen gegeben. Wenn später Descartes hier für zwei Jahrzehnte seinen Wohnsitz aufschlug, so ist es nicht zum wenigsten der günstige Eindruck, den er jetzt empfing, gewesen, der ihn dereinst in seinem Entschlusse bestärken sollte.

8. Aber nicht nur der Menschenbeobachter, auch der wissenschaftliche Forscher konnte hier auf seine Kosten kommen. Die Geschichtsschreiber der Naturwissenschaften haben es mehr oder weniger ganz übersehen, welchen bedeutenden Einfluss die Anforderungen der Technik auf die Entwicklungen der exakten Disziplinen gehabt haben. Und doch welch eine Fülle von Beziehungen liegt hier vor. Was für eine klägliche Rolle musste der spintisierende Aristotelische Physiker spielen, sobald es sich um die Umsetzung seiner Ideen in die Praxis handelte! Das Kriegslager in Breda kann uns als Beispiel dienen für die auf die theoretische Forschung so belebend einwirkende Technik. Mathematiker und Ingenieure waren hier um die Fülle von technischen und rein theoretischen Problemen bemüht, wie sie dank dem lebhaften Interesse des Oraniers immer von neuem aufgeworfen wurden. Ja man ging soweit, Plakate an den Strasseneken anzuschlagen, um die angeregten Aufgaben für jedermann bekannt zu machen. Es war vor solch einem Plakat, wo Descartes die Bekanntschaft des Dordrechter Mathematikers Isaak Beeckmann machte. Beeckmann war Rektor am Dordrechter Collège. Durch sein Interesse für experimentelle physikalische Probleme ragte er sicherlich unter seinen scholastischen Kollegen hervor. Er wunderte sich sehr, als er an dem jungen Krieger ein lebhaftes naturwissenschaftliches und mathematisches Interesse bemerkte. Ja sein Erstaunen wäre vielleicht noch grösser gewesen, wenn er genügend Selbsterkenntnis besessen hätte, um einzusehen, dass sein junger Freund ihn sogar an wissenschaftlichem Verständnis übertraf. Gleichwohl hat der wissenschaftliche Verkehr mit Beeckmann dem jungen Philosophen vielfache An-

regung gebracht. Durch ihn wird er ermuntert, nachzudenken über die Beziehungen zwischen den Schwingungszahlen der einzelnen Töne, über die eigentümlichen Kurven, die von den einzelnen Punkten bewegter Seile beschrieben werden, über den plötzlichen Übergang eines geschleuderten Körpers aus der kreisförmigen Bewegung in die geradlinige, sobald er aus der Hand entlassen wird, über die wunderbare Eigenschaft des Wassers, beim Gefrieren sich auszudehnen, die doch ganz im Gegensatz steht zu dem normalen Verhalten der Flüssigkeiten und dergleichen (Oeuvres Inédites. I, 20 u. f.). Mochten auch manche dieser Fragen von Descartes vorläufig beiseite gelegt oder recht unzulänglich beantwortet werden. Genug, dass er, wie schon wahrscheinlich vorher in Paris, hier wiederum auf den wahren Geist der Naturwissenschaft, auf die Beschäftigung mit dem Experiment und seine mathematische Deutung aufmerksam gemacht wurde.

Die Beantwortung zweier wichtiger physikalischer Schwierigkeiten zeigen uns, welch hervorragendes und tiefes physikalisches Verständnis Descartes in diesen Jahren schon besessen haben muss. Beeckmann hatte Beziehungen zu dem Physiker Stevin und so geschah es, dass Descartes mit dem Phänomen des hydrostatischen Paradoxon bekannt wurde, einer Erscheinung, durch die ja Stevins Name so berühmt geworden ist. Warum lastet das Wasser in Gefässen von der verschiedensten Gestalt gleich schwer auf dem Boden der Gefässe, wofern die Gefässe gleichen Boden und gleiche Höhe haben. Descartes erkannte mit richtigem Blick, dass die Breite der Wasserschicht nichts zu dem Bodendrucke hinzufügen könne, dass der Druck einzig und allein von der Höhe bedingt ist und dass also von einem wirklichen Paradoxon hier nicht die Rede sein kann (Oeuvr. Inéd. I, 26). Mag seinen Darlegungen über diese Erscheinung, wie sie sich in seinen Tagebüchern findet,

auch die völlige Bestimmtheit und Präzision fehlen,
schon die sicher herauszulesende Andeutung der eben
genannten Erklärung genügt, um alle Hochachtung vor
der Einsicht des jugendlichen Forschers zu bekommen.

Wenden wir uns nun zu dem zweiten wichtigen
Problem, um dessen Lösung sich Descartes in diesen
Jahren bemüht hat. Es handelt sich um die Feststellung
der gesetzmässigen Bewegung eines frei fallenden Körpers. Es war der grosse Galilei, der bereits eine Reihe
von Jahren vorher dieses Gesetz ausgesprochen und mit
genialem Scharfblick erkannt hat, wie auch bei den
verwickelteren Erscheinungen des Falles auf einer
schiefen Ebene und den Schwingungen eines Pendels
dieses Gesetz in Kraft tritt. Wiewohl Galilei seine
Entdeckung erst Jahrzehnte später veröffentlicht hat,
ist nicht daran zu zweifeln, dass die Kenntnis derselben
sich schon vorher verbreitete. Hat der Forscher doch
sicherlich keinen Anstand genommen, seinen grossen
Zuhörerkreis, den er als Professor in Padua hatte, über die
gefundenen Resultate zu unterrichten. Wenn wir nun aus
den Aufzeichnungen Descartes' ersehen, dass dieses
Problem ihm in vollkommen scharfer Formulierung von
einem „sehr talentvollen Kopf" aufgegeben worden ist,
so scheint es fast, als ob dieser Unbekannte auch zu
denen gehörte, welche von dem Gesetze Kenntnis genommen hatten, und nun das Entdeckertalent Descartes'
auf die Probe stellen wollte. Letzterer erkannte richtig,
dass die erste Hälfte des Weges dreimal so langsam
durchlaufen wird wie die zweite. Gewiss ist damit
noch nicht das Fallgesetz in seiner vollen Allgemeinheit
ausgesprochen. Und sicherlich macht Descartes' Bemerkung einen etwas dürftigen Eindruck, wenn man
bedenkt, in wie umfassender Weise Galilei die Erscheinung erklärt hat, dennoch muss uns auch hier der
helle Blick des jungen Forschers in Staunen setzen, wie
er sich durch die Mannigfaltigkeit der sinnlichen Er-

scheinungen nicht verwirren lässt, und wie er, ohne noch eine feste Naturauffassung zu haben, doch schon im einzelnen sich bewusst ist, dass es darauf ankommt, die Erscheinungen auf leicht zu überschauende Bewegungsvorgänge und einfache mathematische Relationen zurückzuführen. Aber eben nur im einzelnen können wir diese Gesichtspunkte und ihre fruchtbare Betätigung wahrnehmen. Feste Anschauungen hatte damals unser Philosoph noch keineswegs. So macht er in seinen Erklärungen Gebrauch von der Annahme eines leeren Raumes, einer Voraussetzung, die seiner späteren Naturphilosophie vollkommen widerspricht, ja noch mehr, er hält es für der Mühe wert, die echt scholastische Weise, in der sich Beeckmann die Ausdehnung des gefrorenen Wassers erklärt, nämlich mit Hilfe der Feuergeister, (spiritus ignei) in seine damaligen Aufzeichnungen mitaufzunehmen. Er ist eben durch und durch skeptisch gesinnt, den Theorien der Scholastik sowohl wie denen der neu entstehenden Naturwissenschaft gegenüber, und macht nur im konkreten Falle, wo sie ihm gerade vorteilhaft und fruchtbar erscheinen, von ihnen Gebrauch.

9. Indes mag nun auch Descartes sich zu dieser Zeit in der Naturwissenschaft zwar noch nicht der umfassenden Bedeutung einer mathematischen Grundlage bewusst sein. Ganz entschieden hat er ihre Wichtigkeit erkannt für die wissenschaftliche Fundamentierung der Musiktheorie, ja noch mehr im letzten Grunde für die Kunst überhaupt. Es ist der Grundgedanke, in dem er sich mit einem Kepler, Galilei und Leibniz begegnet, und der für uns heute zu einer selbstverständlichen Wahrheit geworden ist, dass den elementarsten Wirkungen des Schönen einfache mathematische Relationen zu Grunde liegen. Es ist für die Entwicklungsgeschichte unseres Denkers vom höchsten Interesse, dass er aus der Kunst heraus den Begriff der mathematischen Ge-

setzmässigkeit geschöpft und in seiner ganzen Tiefe erkannt hat. War es doch fortan für ihn nur noch ein Schritt, diese Einsicht auch auf die Natur zu übertragen, auch sie als eine allgemeine Harmonie, als ein Spiel einfacher gesetzmässig in einander greifender Bewegungen aufzufassen.

Es war im Jahre 1618, — Descartes weilte bereits über ein Jahr in Holland —, als er in einer kleinen Schrift über die Musik sich mit den eben angedeuteten Gedanken beschäftigte. „Ich hatte an dem Werk gearbeitet zu einer Zeit, in der ich an nichts weniger dachte, als über diesen Gegenstand zu schreiben, und wo ich ein müssiges und wenig zurückgezogenes Leben führte, verlockt durch die Unwissenheit und den Umgang mit den Kriegsgefährten" (C. V, 503). Die vorher behandelten physikalischen Probleme haben schon gezeigt, welchen regen Wissensdrang Descartes in dieser seiner Soldatenzeit hatte, das Eingehen auf den Inhalt seiner musikalischen Abhandlung wird uns einen neuen Beweis dafür liefern, wird die höchste Bewunderung für unsern Philosophen erwecken, wenn wir sehen, was es denn mit seinem scheinbar so müssigen Leben für eine Bewandtnis hatte.

Bevor sich Descartes auf die Musik selbst näher einlässt, streift er das Wesen der Kunst im allgemeinen. Worin ist die eigentliche Ursache zu suchen, dass Dinge ausser uns angenehm auf unsere Sinne einwirken. Ihre Wirkung, antwortet der Philosoph, muss sich in bestimmten Grenzen halten, der Reiz darf einen bestimmten Grad nicht überschreiten. So ist das Geräusch, das der Donner verursacht, viel zu heftig, als dass der Musiker damit etwas anfangen kann, ein allzugreller Lichtstrahl überreizt das Auge und kann keine angenehme Empfindung hervorrufen. Sodann ist zu beachten, dass das auf uns einwirkende Objekt den Sinn nicht verwirrt, es muss eine bestimmte Proportion, eine für den Verstand erkennbare Regelmässigkeit zwischen seinen einzelnen Teilen bestehen, nur dann kann es in uns das Gefühl des Schönen hervorrufen, doch andererseits darf diese Regelmässigkeit nicht zu einfach sein, sonst wird der Eindruck abgeschwächt und schwindet schliesslich ganz und gar. Wird derselbe Ton zweimal gespielt, so lässt uns dies gleichgültig, erst bei der Oktave, deren Töne zu einander im Verhältnis eins zu zwei stehen, haben wir die erste Empfindung des Wohlklanges, sie wird noch weit stärker, wenn wir die Quinte anschlagen, sie kennzeichnet Descartes als die angenehmste Konsonanz. Freilich ist dies auch gleichzeitig der Grund, warum sie nicht so häufig angewendet werden darf wie die Oktave, „wie wir uns ja auch weit schneller den Appetit verlegen, wenn wir nur Zucker oder ähnliche Näschereien essen, als wenn wir unsern Hunger an Brot stillen, trotzdem doch jedermann zugestehen wird, dass letzteres nicht so gut schmeckt." (C. V. 364.)

Descartes ist indessen durchaus noch nicht zufrieden damit, das Wesen der Konsonanz in den einfachen Zahlenverhältnissen der beiden sie verursachenden Töne zu begründen. Soweit waren ja schon die Pythagoreer gekommen. Noch viel tiefer sehen wir ihn auf die Erklärung dieser Erscheinung eingehen. Er hat, vielleicht neben Galilei der einzige in der damaligen Zeit, die wunderbare Entdeckung gemacht, dass der scheinbar einfache Ton auch noch eine gewisse Anzahl höherer Töne enthält, und dass diese Töne indentisch sind mit denjenigen, welche fähig sind mit ihm Konsonanzen zu bilden, die Saite einer Geige schwingt nicht nur als Ganzes, sie schwingt auch in einzelnen Teilen mit, und zwar in solchen Teilen, die in einfachen Verhältnissen zur Länge der ganzen Saite stehen. So ist das eigentliche Wesen der Konsonanz vollkommen klar. Der Grundton trägt ja schon den gleichzeitig mit ihm er-

klingenden Ton in sich, kein Wunder, dass er infolge
dessen von ihm nicht gestört wird, sondern im Gegenteil in uns das Gefühl einer Konsonanz wachgerufen
wird. Das Verdienst, das sich Descartes durch diese
Erklärung erworben hat, die der damaligen Zeit noch
ganz unbekannt war, ist nicht hoch genug anzuschlagen.[1])

Noch viel drastischer als in der Harmonie der Töne
zeigt sich im Takt die Abhängigkeit der Musik von
mathematischen Relationen. Ist es doch der Takt, der
dem Tonstück Einheit und Zusammenhang verleiht, „er
unterstützt unsere Einbildungskraft und erleichtert es
uns, alle die Glieder einer Melodie zu erfassen und sich
zu ergötzen an der Fülle der Proportionen, die in ihr
enthalten sind." (C. V, 449—50.) Er ist es ferner,
der dem Musikstück die eigentliche Grundstimmung
gibt, ist er langsam, so entsprechen ihm auch die zum
Ausdruck gebrachten Leidenschaften, Trauer, Furcht,
Niedergeschlagenheit und dergleichen lesen wir dann
aus der Musik heraus, wird dagegen das Tempo lebhaft,
gleich tritt auch ein Wechsel im Ausdruck ein, Heiterkeit, Freude, Ausgelassenheit, kurz die entgegengesetzten
Stimmungen werden in unserm Innern ausgelöst. Man
bedenke schliesslich, dass der Takt an und für sich
allein schon genügt, um dem Ohre Vergnügen zu bereiten, „wie die Erfahrung lehrt, wenn die Trommel
gerührt wird, um den Marsch zu regeln oder die Kriegs-
leute zusammenzurufen." (C. V, 452.) Es ist hier nicht
der Ort, auf die einzelnen Punkte dieser kleinen Schrift
einzugehen. Interessant ist es zu sehen, wie weit unser
Philosoph ein gesetzmässiges Eindringen in die geheim-

---

[1]) Soweit ich mich darüber orientiert habe, scheint man sowohl
in der Musikgeschichte als auch in der Geschichte der physikalischen
Akustik diese Tatsache nicht gewürdigt zu haben. — Wie die zu-
sammengesetzte Bewegung einer Saite gestaltet ist, die neben dem
Grundton auch noch die Obertöne angibt, dies festzustellen, ist erst
unserer Zeit gelungen.

nisvolle Werkstatt des Künstlers für möglich hält. „Ich müsste fernerhin auch noch im einzelnen eine jede Leidenschaft behandeln, wie sie die Musik fähig ist, in der Seele zu erregen, und ich müsste zeigen, welche Tonabstufungen, Konsonanzen, Zeiten, Figuren und dergleichen erforderlich sind, um sie in uns zu erwecken, doch das würde über das hinausgehen, was ich mir in dieser kleinen Abhandlung vorgenommen habe." (C. V, 501—2.) Ich glaube das obenstehende genügt, um zu zeigen, wie Descartes voll und ganz erfüllt ist von dem Gedanken der grandiosen Gesetzmässigkeit in der Musik, wie er förmlich schwelgt in der Fülle der mathematischen Proportionen und Beziehungen, die ihr zu Grunde liegen. Wenn, wie wir bald sehen werden, in kurzer Zeit ein plötzlicher Umschwung in seiner skeptischen Gesinnung erfolgt, wenn es ihn treiben und drängen wird, sich von dem Zweifel in wissenschaftlichen Dingen zu befreien und zu festen methodischen Prinzipien zu gelangen, was liegt näher, als dass die festen und unwandelbaren Grundlagen der Musik, die er in seiner musikalischen Abhandlung so deutlich für jedermann aufgewiesen hatte, ihn ausserordentlich ermutigt haben werden, das grosse Werk einer neuen Wissenschaftslehre in Angriff zu nehmen.[1])

10. Wie weit Descartes zur damaligen Zeit noch entfernt war, in der Naturwissenschaft nach festen Prinzipien vorzugehen, wie er in echt positivistischem

---

[1]) Man glaube nicht, dass Descartes, in dessen musiktheoretischer Schrift die Gesetzmässigkeit in der Musik so in den Vordergrund gestellt ist, für die neuzeitlichen Regungen kein Verständnis gehabt hätte, die dem Kontrapunkt mit seinem rein elementaren und unpersönlichen Charakter die individuelle Eigenart, die Macht des menschlichen Empfindens entgegensetzten. Das hätte dem Philosophen, der der natürlichen Vernunft wieder zu ihrem Recht verhelfen wollte, recht schlecht gestanden.

Vergleiche darüber namentlich Descartes' Äusserung (A. I, 101.).

Geiste ein jedes Erklärungsmittel, wofern es ihm nur Nutzen brachte, gebrauchte, das ist alles oben genügend klar gelegt worden.

Allein mag auch unser Philosoph keine eigentlichen festgeschlossenen wissenschaftlichen Anschauungen haben, wir würden durchaus fehlgehen, wenn wir auch seine damalige Grundstimmung noch als skeptisch bezeichneten, seit dem Abgang von der Schule hat er sich denn darin doch etwas geändert, mochte diese Wandlung sich auch nur auf das Reich der Stimmungen und Gefühle beziehen, noch nicht bis zur Region des klaren und methodischen Denkens sich erstreckt haben. Es ist das Gefühl einer allgemeinen Harmonie zwischen der Sinnenwelt und der Welt des Geistes, das ihn ganz und gar durchdringt. „Der Verstand gebraucht bestimmte sinnliche Mittel um das Geistige auszudrücken, wie z. B. die Luft und das Licht. Eine tiefere Philosophie kann die Erkenntnis des Geistes dadurch auf das höchste steigern. — Es gibt nur eine lebendige Kraft in den Dingen, das ist die Liebe, das Mitgefühl und die Harmonie. Vortrefflich eignen sich die sinnlichen Dinge zur Erkenntnis der übersinnlichen: die Luft kennzeichnet den Geist, die dauernde Bewegung das Leben, das Licht die Erkenntnis, die Wärme die Liebe, die sichtbare Tätigkeit die Schöpfung. Alle körperlichen Formen stehen in harmonischer Wechselwirkung mit einander. Es gibt mehr Kaltes als Trockenes, mehr Feuchtes als Warmes. Wäre es anders, so hätten die aktiven Elemente zu schnell die Oberhand gewonnen und die Welt würde keinen langen Bestand gehabt haben." (Oeuvr. Inéd. I. 10 u. f.)

Fast möchte sie unbegreiflich erscheinen diese Gefühlsstimmung, diese eigentümliche Umwandlung der Aristotelischen Naturphilosophie in Mystizismus und Pantheismus. Ist das wirklich derselbe Philosoph, der ein Jahrzehnt später so scharf Körper und Geist von

einander geschieden hat. „Vortrefflich eignen sich die
sinnlichen Dinge zur Erkenntnis der übersinnlichen,"
kann dieser Ausspruch von Descartes herrühren, der
in seinem reifen System immer wieder und wieder betont, wie der Geist nur aus seiner eigenen Natur, und
ebenso der Körper nur aus der seinen erklärt werden
könne, wie jede Vermischung dieser beiden Substanzen
zu der grössten Unklarheit führen müsse. So unglaub-
lich es klingen mag, der Historiker der Philosophie
weiss es, dass gerade die schärfsten und am tiefsten aus-
geprägten Systeme der Philosophie oft aus vollkommen
entgegengesetzten Anschauungen heraus sich entwickelt
haben. Pantheistische Gedanken, wie sie uns hier vor-
liegen, fassen gerade in der Seele der Jugend so leicht
Wurzel, sie lässt sich so gerne von der Phantasie, von
Analogieschlüssen leiten, und gleich wie sie den Idealismus der sie beseelt, auch auf die sie umgebende
Welt überträgt, wie sie dort ihre hohen Ideen zu ver-
wirklichen hofft, so scheint ihr auch die Natur der
Welt des Geistes wesensgleich und verwandt zu sein,
gleichsam ein Abbild ihrer eigenen Persönlichkeit, in
der noch ungetrübt die sittlichen und physischen Kräfte
harmonisch ineinanderwirken. Und gerade ein Skeptiker wie Descartes, dessen innere Gemütsbedürfnisse
in der grossen Welt nicht ihre Befriedigung finden
konnten, wieviel er auch an Reife und Erfahrung zu-
nehmen mochte, er musste von solchen Stimmungen
am allerehesten ergriffen werden. Und irren wir nicht,
so musste gerade seine damalige vornehmste geistige
Beschäftigung, die Vertiefung in das Wesen der
Kunst, in die Gesetze der Musik ihm solche Gedanken näherbringen. Ist es doch gerade die Kunst,
die das Sinnliche zum Symbol, zur Ausdrucksform des
Geistigen macht und dadurch den Gedanken so verführerisch erscheinen lässt, dass es sich auch in der
wirklichen Welt so verhält, dass es auch hier keinen

toten unbeseelten Stoff gibt. Hören wir, wie Descartes sich in seinen damaligen Aufzeichnungen über den Dichter auslässt. „Man könnte es erstaunlich finden, dass die grossen Gedanken sich eher in den Werken der Dichter als der Philosophen finden. Der Grund ist, weil die Dichter schreiben erregt durch das Feuer der Begeisterung und der Einbildungskraft. In unserm Innern sind die Keime der Wissenschaft enthalten, gleichsam wie die Funken im Feuerstein. Die Philosophen ziehen sie heraus durch ihr Räsonnement, dagegen die Dichter bringen sie zum Leuchten durch ihre Phantasie, und da erstrahlen sie in einem weit helleren Glanze." (I. 10 u. f.) Dieser Ausspruch darf uns wohl in der Überzeugung bestärken, dass damals Poesie und Kunst einen innigen Einfluss auf die philosophischen Stimmungen Descartes' ausübten.

Indes Descartes' ganze Veranlagung deutet schon darauf hin, dass dieser metaphysischen Stimmung keine längere Dauer beschieden war. Sein scharfer, zergliedernder Verstand konnte keine ernsthafte Freundschaft schliessen mit einer derartig ästhetisch gefärbten Weltanschauung, die wohl allenfalls einer beschreibenden, aber keinesfalls einer exakten die Natur gleichsam sezierenden und in ihre rationalen Komponenten auflösenden Wissenschaft als Grundlage dienen konnte, und das war es doch gerade, was damals das grosse Problem der Forscher bildete, auf das auch unser Philosoph immer mehr seine Aufmerksamkeit richtete. Mochte auch jetzt noch die Natur in jungfräulicher farbenprächtiger Schönheit vor ihm liegen. Indem er bemüht war, in fortwährender ernster Arbeit und eindringender Analyse in ihr inneres Wesen einzudringen, schwanden ihm seine jugendlichen Illusionen, der feine Blütenstaub verflüchtigte sich, alles Leben erstarb und schliesslich waren nur noch tote Massen übrig geblieben, die von aussen in Bewegung gesetzt wurden und unter dem

Zweites Kapitel: Periode des Skeptizismus.

einförmigen Sklavenjoch von harten und unerbittlichen mathematischen Gesetzen standen.[1]

---

[1] Descartes' erste Tagebuchaufzeichnungen (Pensées) erstrecken sich etwa über die Jahre 1618—21. So ist es nicht ausgeschlossen, dass die eben geschilderte metaphysische Stimmung noch in die Zeit hineindauert, in der er mit der Ausarbeitung einer einheitlichen wissenschaftlichen Forschungsmethode beschäftigt war. Doch liegt hierin nicht etwa etwas Unwahrscheinliches, denn diese seine „Methode" erstreckte sich ja nur auf die Wissenschaften, brauchte also namentlich in ihrer anfänglichen Entwicklung sein Gefühlsleben nicht ernstlich zu beeinflussen. Hat er doch an der Grundlegung einer wissenschaftlichen Metaphysik erst zehn Jahre später gearbeitet.

Drittes Kapitel.

Periode der systematischen Wissenschaftsforschung.

1. Wie reich auch die wissenschaftlichen Anregungen waren, die Descartes in Holland empfing, den Krieg konnte er augenblicklich hier nicht kennen lernen. Wir befinden uns im Jahre 1619 und es sollte noch geraume Zeit dauern, bis der Waffenstillstand mit Spanien abgelaufen war. Das war wohl einer der Hauptgründe, warum sich Descartes entschloss, die Niederlande zu verlassen. Im Vollgefühle seiner jugendlichen Kräfte sehnte er sich danach, das Leben in seiner ganzen Ernsthaftigkeit kennen zu lernen. Er berichtet selbst darüber, wie er damals das Waffenhandwerk geliebt hatte. (A. II, 480.) Vielleicht mochte auch viel zu seinem Entschlusse die geistige Unruhe beigetragen haben, die ihn damals erfüllte. Noch war er Skeptiker wie damals, als er die Schule verlassen hatte, aber der Skeptizismus, der ihm zu jener Zeit gleichsam Gemütsbedürfnis gewesen war, der ihn mit frischem Lebensmut erfüllt und Geist und Sinn empfänglich gemacht hatte für alles, was die Welt an Wissens- und Erlebenswertem in sich barg, er wurde ihm jetzt zur Qual. Zu viel des Positiven in dem Reiche der Wissenschaft und der Kunst hatte er schon kennen gelernt, als dass sein ehrlicher nach Wahrheit ringender Geist in jener skeptischen Stimmung noch wirklich ernste Befriedigung hätte finden können. Drum galt es, sich voll und ganz in das Getümmel der Welt hineinzustürzen, vielleicht konnte sie die innere Unruhe bannen oder wenigstens betäuben.

2. Drohende Gewitterwolken zogen sich damals am politischen Horizont zusammen, der Feldzug gegen die aufständischen Böhmen stand bevor, jenen grauenvollen Krieg einleitend, der Deutschland in seiner kulturellen Entwicklung um Jahrhunderte herunterbringen sollte. Hier glaubte Descartes seine Kriegslust befriedigen zu können. Er trat in das Heer Maximilians von Bayern ein, der die kaiserlichen Truppen gegen die Aufrührer und ihren neugewählten König, den Kurfürsten Friedrich V. von der Pfalz, führte. Einige Wochen vorher hatte Descartes in Frankfurt am Main der mit dem üblichen Pomp vollzogenen Kaiserkrönung Ferdinand II. beigewohnt. Es ist merkwürdig, wie unser Philosoph nicht nur jetzt, wo ihm ja infolge seines geschilderten Seelenzustandes eine derartige Zerstreuung nur angenehm sein musste, sondern auch späterhin sich derartige festliche Gelegenheiten nicht entgehen liess, es scheint doch, dass er die Vorteile seiner adligen Abstammung, auf die er im übrigen nie einen hohen Wert gelegt hat, nicht unausgenutzt lassen wollte. „Seine Avantagen als Edelmann nutzt er in jüngern und mittlern Jahren; er besucht alle Hof-, Staats-, Kirchen- und Kriegsfeste; eine Vermählung, eine Krönung, ein Jubiläum, eine Belagerung kann ihn zu einer weiten Reise bewegen; er scheut weder Mühe noch Aufwand noch Gefahr, um alles mit Augen zu sehen, um mit seinesgleichen, die sich jedoch in ganz anderm Sinne in der Welt herumtummeln, an den merkwürdigsten Ereignissen seiner Zeit ehrenvoll teilzunehmen." (Goethe Farbenlehre.)

3. Hatte Descartes nach diesen Zerstreuungen weitere Ablenkung für diesen Winter in dem böhmischen Kriege zu finden gehofft, so wurde ihm eine arge Enttäuschung zuteil. Das Schicksal, mehr für seine philosophische Entwicklung, als für die Befriedigung seines augenblicklichen unruhigen Gemütszustandes besorgt, hat es anders gefügt. Die kriegerischen Unternehmungen gerieten nämlich jetzt ins Stocken, weil es zu diplomatischen Verhandlungen kam. Das Heer bezog Winterquartiere an der Donau und gleich seinen Kameraden musste nun auch Descartes seine Kriegslust einstweilen bezähmen. Aber er war weit schlimmer daran als sie. Die Einsamkeit und Einförmigkeit im Winterlager lastete wie ein schwerer Alp auf ihm. Einem Kranken vergleichbar, der nach dem Morphium greifen will, um seine Schmerzen zu betäuben, und dem nun dieses Linderungsmittel von einer grausamen Hand entzogen wird. Das einzige, was ihm zu Gebote stand, Spaziergänge und der Umgang mit den Kriegsgefährten, sie konnten die grosse Aufregung nicht bannen, die sein Gemüt erfüllte (Baillet I, 81), sie wirkten wie der Tropfen, den man auf einen heissen Stein giesst. Nie war ihm vorher die ganze Haltlosigkeit seiner skeptischen Denkungsweise so vor Augen getreten wie jetzt in dieser Einsamkeit. Der grelle Kontrast, wie er bestand zwischen seinen wissenschaftlichen Einzeluntersuchungen einerseits und dem Mangel einer festen wissenschaftlichen Methode andererseits, er machte sich ihm offenbar mit einer nur allzugrausamen Deutlichkeit, er liess ihm keine Ruhe, er verfolgte ihn bei Tag und Nacht. Seine heftigen Gewissensqualen verliessen ihn selbst im Traume nicht, sie wandelten sich in Schreckgespenster um, die drohend auf ihn einzudringen versuchten.

Im folgenden schildern wir einen solchen Traum, über den uns Baillet berichtet (I, 81 u. f.). Von grässlichen Phantomen verfolgt, eilte Descartes entsetzt durch

die Strassen dahin, um ihnen zu entfliehen. Eine grosse
Schwäche an der rechten Seite zwang ihn, nach links
vornübergebeugt zu gehen. Beschämt über seine un-
glückliche Haltung, machte er Versuche, sich empor-
zurichten. Allein in demselben Augenblick ergriff ihn
ein heftiger Wirbelwind, der ihn jählings im Kreise
mehreremale herumdrehte. Nur mit grosser Mühe
schleppte er sich weiter, jeden Augenblick dem Falle
nahe. Da schien sich ihm eine Zufluchtsstätte zu bieten.
Am Wege lag eine Collège. Er trat in den Hof hinein
und wollte sich in die Kirche der Collège begeben, um
ein Gebet zu verrichten. Da bemerkte er einen Bekannten, an dem er ohne zu grüssen vorbeigegangen
war. Als er nun eilends umkehren wollte, um dies
nachzuholen, wurde er mit Gewalt durch einen heftigen
Wind nach der Kirche zurückgestossen. Unmittelbar
darauf rief ihn im Hofe eine Person in höflichen Worten
beim Namen, ihn um eine Gefälligkeit ersuchend. Er
war erstaunt wahrzunehmen, wie dieser Mensch und
eine Schar von Leuten, die sich auch um ihn versammelt
hatten, fest und aufrecht auf ihren Füssen standen,
während er immer noch eine gekrümmte und schwankende
Haltung einnahm, obwohl der Wind inzwischen schon
sehr nachgelassen hatte. Unmittelbar darauf erwachte
er. Wir haben nicht die geringste Veranlassung, den
Bericht unseres Gewährsmannes anzuzweifeln. Die Bemühungen des träumenden Descartes, selbst in der
grössten Gefahr den äusseren Anstand und die Höf-
lichkeit andern Personen gegenüber zu bewahren, entsprechen vollkommen dem Charakter unseres Philosophen,
der echt gentlemanlike im Leben stets seine Ruhe zu
bewahren gewusst hat. Was aber die Hauptsache für
uns ist, das Traumbild ist so recht charakteristisch
für seinen damaligen Seelenzustand. Er fühlte, wie
der Boden unter seinen Füssen schwankte. Gab es
denn keine Erlösung aus diesem trostlosen Zustand,

kein Beschwörungsmittel, um die Geister des Zweifels, die er einst so gerne gesehen, wieder zu verscheuchen.

4. In dieser kritischen Zeit, in der er sich so unglücklich fühlte, fand er ganz wider sein Erwarten in einer wissenschaftlichen Idee, die sich ihm aufdrängte, ein Beruhigungsmittel, es war der Plan einer neuen mathematischen Wissenschaft, der plötzlich vor seinem geistigen Auge greifbare Gestalt annahm. Seine intensiven langjährigen mathematischen Einzelstudien, sie brachten ihm jetzt eine herrliche Frucht, für seinen augenblicklichen Gemütszustand das beste Heilmittel. Jetzt musste es ihm aufgehen, dass seine früheren Bemühungen doch nicht fruchtlos gewesen sein konnten, trotzdem ihnen eine feste Methode gefehlt hatte. Und andererseits musste jene fruchtbare mathematische Entdeckung sein erschüttertes Selbstvertrauen wiederherstellen, ihm die Kraft geben, eine wissenschaftliche Methode, die sein intellektuelles Gewissen auf das gebieterischste forderte, an deren Möglichkeit er aber bisher gezweifelt, mit aller Energie zu begründen. „Am zehnten November eröffnete sich mir die Einsicht in die Grundlagen einer wunderbaren Wissenschaft". Mit diesen Worten hat er in seinen damaligen Aufzeichnungen seine Entdeckung gekennzeichnet. Ob er bei diesem Ausspruch an seine neue mathematische Wissenschaft (analytische Geometrie) gedacht hat, oder schon an die neuzugründende Wissenschaftsmethode, ist relativ belanglos. Wir werden bald sehen, wie innig beide Entdeckungen sich gegenseitig bedingen. Die Wissenschaftsmethode bedarf jedenfalls zu ihrer Festlegung schon die Kenntnis des neuen mathematischen Gedankenbaues. Andererseits ist Descartes zur vollen Klarlegung beider Entdeckungen erst durch seine später angestellten methodischen Gedankenentwicklungen gekommen.

Das seelische Gleichgewicht unseres Philosophen ist wiederhergestellt. Der pessimistische Gesichtspunkt, unter dem er kurz vorher sein bisheriges Leben seit dem Abgange von der Schule betrachtet hat, wird aufgegeben. Er schaut es fortan in seinem wahren Werte an als eine Zeit der wissenschaftlichen Läuterung und Vorbereitung zu einem höheren Ziel. „Ich hatte immer den sehnlichsten Wunsch, das Wahre vom Falschen scheiden zu lernen, klar in meinen Handlungen zu sehen und mit Sicherheit in diesem Leben aufzutreten. Ich muss es allerdings zugeben, solange ich nur die Handlungen meiner Mitmenschen betrachtete, fand ich kaum etwas Sicheres, und ich nahm beinahe soviel Unterschiede wahr, wie vorher unter den Meinungen der Philosophen. So dass der grösste Vorteil, den ich daraus zog, darin bestand, dass mit der Einsicht, wie viele Dinge, die uns überspannt und lächerlich erscheinen, dennoch bei anderen grossen Völkern allgemeine Aufnahme und Billigung finden, sich in mir die Überzeugung bestärkte, nichts zu fest zu glauben, was ich nur durch Beispiel und Gewohnheit als wahr angenommen hatte. So befreite ich mich allmählich von vielen Irrtümern, die unsere natürliche Einsicht verdunkeln, und uns weniger empfänglich für die Stimme der Vernunft machen. Nachdem ich nun einige Jahre damit zugebracht hatte, in dem Buche der Welt zu studieren und einige Erfahrung zu erlangen, da fasste ich eines Tages den Entschluss, auch in mir selbst zu forschen, und alle Kräfte meines Geistes anzuspannen, um die Wege zu finden, die ich aufzusuchen hätte. Und das ist mir nun, davon bin ich überzeugt, weit besser geglückt, als wenn ich niemals mein Heimatland und meine Bücher verlassen hätte". (C. I. 131—32.) Wir sehen hieraus, wie Descartes diese Vorbereitungszeit zu schätzen gewusst hat.

In der Nacht jenes denkwürdigen Tages, an dem Descartes seine innere Ruhe wiedergefunden hatte, spiegelte sich in drei Träumen noch einmal seine so rasch umgewandelte Gemütsstimmung wieder, in den beiden ersten seine innere Haltlosigkeit und Zerrissenheit, im dritten die freudige Überzeugung, dass es ihm gelingen würde, seine Zweifel zu überwinden und zu festen Prinzipien zu gelangen.[1])

5. Nach dieser aufregenden Nacht flehte Descartes zu Gott und zur heiligen Jungfrau, ihm Kraft und Erleuchtung zu geben, damit er den richtigen Weg zur Wahrheit finde. Schon die Gedanken von einer neuen Wissenschaft, die ihn am Tage vorher so plötzlich ergriffen hatten, mussten ihm als eine Art höhere Eingebung erscheinen. Nun kamen noch diese drei Träume hinzu. Was Wunder, dass unser Philosoph in eine Art von geistigem Rausch und Verzückung geriet und alles dieses einer direkten göttlichen Einwirkung zuschrieb. Man weiss es ja, wie sehr der geistige Reformator durch das Bewusstsein einer direkten höheren Erleuchtung von seiten Gottes oder eines Heiligen in seinem Eifer bestärkt wird.

Als Descartes nun ganz von diesem seinem Enthusiasmus erfüllt war, drang zu ihm der Ruf von einer geheimnisvollen Gesellschaft von Weisen, den sogenannten Rosenkreuzern. Man erzählte von ihnen allerlei Überschwänglichkeiten, sie sollten alles wissen, im Besitze einer neuen Weisheit, der wahren und unverfälschten Wissenschaft sein. Sollte dieser Versuch, so musste sich Descartes fragen, der wahren Methode mühelos ohne geistige Anstrengung habhaft zu werden, wirklich möglich sein. Zu einer anderen Zeit hätte unser Philosoph sicherlich diese Frage verneint. Bei seinem augenblicklichen Hang zum Wunderbaren und Übernatürlichen machte er wirklich Versuche, eine Bekanntschaft mit

---

[1]) Den ersten Traum habe ich schon vorher geschildert, weil er mir so typisch für den Seelenzustand des Philosophen erschien.

diesen Leuten anzuknüpfen und kam infolgedessen bald zur Einsicht, welcher argen Täuschung er sich hingegeben hatte.[1])

6. Dieser Hang zum Wunderbaren, der unsern Philosophen einige Zeit lang ganz für sich eingenommen hatte, schwand indessen bald und wurde von dem ernsten Entschlusse abgelöst, selbständig und vermöge der eigenen Geisteskraft den Weg zur Wahrheit aufzufinden. Hält man zusammen, was in dem Discours und in den Tagebüchern darüber bemerkt ist, mit den Aufzeichnungen „der Regeln", einer Schrift, in der diese geistige Entwicklungsstufe Descartes' am schärfsten zum Ausdruck kommt, so lässt sich ein ziemlich klares Bild von den damaligen methodischen Anschauungen unseres Philosophen gewinnen. Es mag manches von dem, was wir berichten werden, damals Descartes noch nicht zu vollem Bewusstsein gekommen sein, sondern erst später auf seinen weiteren Reisen, gleichwohl bringen wir es mit in unsere jetzige Darstellung hinein, weil dieselbe die ganze jetzige Entwicklungsperiode charakterisieren soll, über die Descartes erst nach zehn Jahren hinauswächst.

Es ist eine echt universalwissenschaftliche Tendenz, die unsern Philosophen beherrscht. Man glaubt, die Wissenschaften gedeihen am besten, wenn man sie einzeln studiert wie die Handwerke und Künste. Dies ist ein grosser Irrtum. Verkörpern doch alle Wissenschaften nichts weiter als die allgemeine Menschenvernunft, die ein und dieselbe und unteilbar ist. Ist es

---

[1]) Die damalige Existenz der Rosenkreuzer sowie etwaige Beziehungen Descartes' zu ihnen sind in Dunkel gehüllt. Baillet glaubt, dass Descartes sie nicht hat auffinden können, Kuno Fischer, dass sie damals überhaupt nicht existiert haben. In Descartes' Tagebüchern findet sich die Anzeige eines Buches, das offenbar den Rosenkreuzern gewidmet ist. (Oeuvres Inéd. I, 4.)

nicht erstaunlich, was für ein spezialistischer Charakter der heutigen wissenschaftlichen Forschung eigentümlich ist. Wir sehen, wie die Gelehrten die Pflanzen und ihre Eigenschaften studieren, dem Laufe der Gestirne nachgehen, die Verwandlungen der Metalle und tausend dergleichen Dinge beobachten, allein wie gering ist dagegen gehalten die Anzahl derjenigen, welche sich mit der menschlichen Vernunft, mit der allgemeinen Universalwissenschaft beschäftigen, die doch weit wichtiger ist als jede Einzeldisziplin. Wohlan, lasst uns auf dieselbe unser Augenmerk richten, haben wir sie erforscht, dann werden wir weit rascher und sicherer das Gebiet der Einzelwissenschaften durchmessen können.

7. Die wahre wissenschaftliche Methode lässt sich nicht aus dem Nichts zaubern, nicht durch magische Künste heraufbeschwören, nur durch Betrachtung und Zergliederung der vorhandenen Wissenschaften kann sie gefunden werden. Macht euch zu eigen den reichen Schatz an Wissen, der uns überliefert ist, nur aus der wirklichen konkreten Forschung kann eine Methode geschöpft werden, die ihrerseits wiederum zum lebendigen Forschen und Erfinden anleitet, wie Licht sich nur am Licht entzündet. Doch seien wir in unserem Verfahren nicht voreilig, wahr und ungetrübt müssen die zu betrachtenden wissenschaftlichen Erkenntnisse sein, wenn anders sich aus ihnen die echte, unverfälschte Methode soll ableiten lassen. Welche Erkenntnisse sind aber wirklich echt und unanfechtbar. „Hier stock' ich schon! Wer hilft mir weiter fort." Existiert doch in fast allen Wissenschaften kaum ein Satz, über den nicht die Gelehrten verschiedener Meinung sind. Aber jedesmal, wenn zwei über dieselbe Sache ein verschiedenes Urteil fällen, ist es sicher, dass einer von beiden sich täuscht. Ja noch mehr, keiner von ihnen kennt die wirkliche Wahrheit. Denn sonst hätte er ja eine klare und ungetrübte Vorstellung von ihr, müsste er fähig sein, seinem Gegner dieselbe so auseinanderzusetzen, dass er ihn von seiner Ansicht überzeugte. Descartes will die bisherigen wissenschaftlichen Forschungen nicht etwa verdammen, er selbst schätzt sich glücklich, die Schulwissenschaften einmal ganz und gar durchgemacht zu haben (C. XI, 207). Töricht ist der, welcher glaubt, ohne die übliche wissenschaftliche Schulung seinen eigenen Weg gehen zu können, er wird Gefahr laufen, auf vollkommene Abwege zu geraten, während der, welcher nur der Überlieferung folgt, wofern er sich an gute Muster hält, nicht ganz und gar von der Wahrheit abweichen kann. Will man sich aber nicht mit Halbheiten begnügen, will man der Wahrheit offen und furchtlos ins Auge schauen, dann muss man sich freilich mit der traurigen Tatsache abfinden, dass der grösste Teil des vorhandenen Wissensstoffes für unsere Zwecke unbrauchbar ist. Trotzdem brauchen wir nicht zu verzweifeln. Eine Wissenschaft gibt es, deren Wahrheiten auch der grösste Skeptiker nicht bezweifeln kann, es ist die Mathematik. Sie werden wir deshalb als Unterlage für unsere Untersuchung benutzen. Wieso kommt es, dass gerade die Mathematik den Vorzug der unbestreitbaren Gewissheit hat?

Auf zwei Wegen gelangen wir zur Erkenntnis der Objekte der wissenschaftlichen Forschung, einerseits durch die Erfahrung, andererseits durch die Schlussfolgerungen unseres Verstandes. Der Verstand geht in der Regel nicht fehl, wofern er auf gerader Bahn bleibt, nicht hineingerät in den labyrinthischen Irrgarten der Dialektik. Anders die Erfahrung, sie ist oft so trügerisch, wird zumeist so kritiklos aufgenommen, dass von vornherein jede Sicherheit im wissenschaftlichen Betriebe durch sie ausgeschlossen wird. In dieser Hinsicht nimmt nun gerade die Mathematik eine bevorzugte Stellung ein. Ihre Voraussetzungen bleiben vollkommen unangefochten, keine Erfahrung ist im stande sie zu widerlegen. Liegt es unter diesen Umständen nicht auf der Hand, dass sie die wahre Methode am reinsten wird widerspiegeln können. Freilich, bemerkt Descartes mit scharfer Ironie, die Herren Gelehrten verschmähen es, sich mit so einfachen Dingen abzugeben. „In der Tat, ein jeder nimmt sich eher das Recht, einen dunklen Gegenstand zu ergründen, als in einen klaren sich zu vertiefen. Ist es doch viel leichter, von irgend einem Objekt sich einen nebelhaften und verschwommenen Begriff zu machen, als die Wahrheit selbst in ihrer einfachsten Gestalt zu erfassen" (C. XI, 208—9). Doch es sei ausdrücklich betont, wir wollen etwa nicht die Wissenschaften auf das enge Gebiet der mathematischen Disziplinen einschränken — bedienen wir uns doch letzterer nur als Mittel zum Zweck, um unsere Methode zu finden —, nein, die andern Wissenschaften sollen vielmehr auf das Niveau der Mathematik erhoben werden. Der Wahrheitsforscher der Zukunft soll sich mit keinem Gegenstande beschäftigen, dem er nicht eine solche Sicherheit verleihen kann, wie sie die mathematischen Disziplinen, die Geometrie und Algebra besitzen. Nicht beschränkt werden soll also unser wissenschaftlicher Horizont, nur die Nebel und Wolken, die sich über ihm ausgebreitet haben, sollen verscheucht werden.

8. Untersuchen wir nun jetzt die Mathematik zunächst hinsichtlich der einfachsten Strukturelemente, aus denen sie sich aufbaut. Sie geht aus von einfachen, jedermann einleuchtenden Tatsachen, um dann durch Schlussfolgerungen immer tiefer einzudringen in das Wesen der Raum- und Zahlbeziehungen. Analog muss nun auch die Methode verfahren, die sich auf die Wissenschaften in ihrer Gesamtheit bezieht. Unmittelbare Einsicht, die sogenannte Intuition, und daran an-

schliessend die Deduktion, das sind die einfachsten Elemente,
mit denen sie operiert. Unter Intuition wird nicht verstanden die roh und ungeklärt aufgenommene Sinneswahrnehmung, nicht das trügerische Zeugnis der Einbildungskraft, sie begreift vielmehr in sich die unmittelbare Auffassung eines ungetrübten und aufmerksamen Geistes, die so deutlich und klar ist, dass auch nicht der geringste Zweifel auftauchen kann, was mit ihr gemeint ist. So kann ein jeder intuitiv erkennen, dass er existiert, dass er denkt, dass ein Dreieck von drei Linien begrenzt wird und dergleichen. Letztere (mathematische) Tatsachen können wir gleichsam als Musterbeispiele für die Intuition betrachten. Von solcher Gewissheit wie sie müssen die Voraussetzungen aller Wissenschaften sein. Wie dies möglich ist, wie man den Objekten der Naturwissenschaft eine gleiche Eindeutigkeit und exakte Bestimmtheit wie den mathematischen verleihen kann, das werden wir später sehen. Handelt es sich doch zunächst nur darum, das allgemeine Verfahren der Wissenschaftsmethode festzustellen, erst dann sind wir befähigt, auf ihre konkrete Anwendung zu kommen.

Die Intuition allein würde nicht genügen für die wissenschaftliche Forschung. Sie gibt uns ja nur die ursprünglichsten allerelementarsten Wahrheiten. Um die tieferliegenden, verwickelteren zu ergründen, dazu bedarf es noch der Deduktion. Mit ihrer Hilfe vermögen wir von den Grundtatsachen zu immer höheren aufzusteigen. Die elementaren Axiome der Mathematik, wie z. B. die Voraussetzung, parallele Linien können sich niemals schneiden, bieten uns noch kein eigentliches belangreiches Wissen dar, von dergleichen Prinzipien können wir aber durch Schlussfolgerungen aufsteigen zu Wahrheiten, die durchaus nicht von vornherein selbstverständlich erscheinen, wie zu dem Satze, dass im Dreieck die Winkel hundertachtzig Grade betragen, dass die Kugeloberfläche viermal so gross ist, wie der grösste Grundkreis der Kugel u. s. w.

9. Wir kennen nun die beiden Werkzeuge, mit denen wir in der Wissenschaft operieren müssen. Doch offen gestanden, durch diese Einsicht sind wir noch nicht sehr weit gekommen. Jetzt eröffnet sich erst unser Hauptproblem, wie haben wir uns dieser beiden Mittel, der Intuition und der Deduktion zu bedienen, um nun mit ihrer Hilfe zu neuen wissenschaftlichen Erkenntnissen zu gelangen. Wir versuchen es, uns wieder bei der Mathematik, unserer Musterwissenschaft, darüber Auskunft zu holen. Ich betrachte etwa den pythagoreischen Lehrsatz, aus den fundamentalen Eigenschaften des rechtwinkligen Dreiecks heraus wird hier die Schlussfolgerung gezogen, dass die Summe der beiden Kathetenquadrate gleich dem Hypotenusenquadrat ist. Ich sehe zunächst, wie der Mathematiker allerlei Hilfsfiguren in die ursprüngliche Figur hineinzeichnet, ich weiss aber nicht, wie er dazu kommt. Dann beginnt das Schlussverfahren, ein Satz gliedert sich an den andern an. Ich folge gehorsamst meinem Führer, wir klettern mühsam hinauf zum Gipfel der Erkenntnis, wie scheue Verbrecher meiden wir die geraden Wege, welches Ziel wir haben, weiss ich nicht, ich nehme nur wahr, wie wir von einem logischen Winkelpfad in den andern einbiegen. Endlich sind wir oben und siehe da, wir haben wirklich unser Ziel erreicht. Ich muss gestehen, ich bin sehr unbefriedigt von dem Resultat dieser meiner Wanderung. Weiss ich denn wirklich, wie ich oben hinauf gekommen bin. Werde ich den Weg zum zweitenmale ohne Führer mit Sicherheit wiederfinden. Und was doch eigentlich die Hauptsache ist, bin ich durch diese wunderliche Reise um brauchbare Erfahrungen reicher geworden, ermöglichen sie es mir, den Weg zu anderen Gipfeln der Erkenntnis nun-

mehr selbständig zu finden. Von alledem ist nicht die Rede. Dieses planlose Umherschweifen hat gar keinen Sinn. Mein Wahrheitsbedürfnis wird hierdurch keineswegs gestillt.

Dieser eine geometrische Satz ist typisch für das Verfahren der gesamten Mathematik. Hören wir Descartes' eigene Worte. „Ich lernte (bei den mathematischen Schriftstellern) verschiedene Sätze über die Zahlen kennen, rechnete ich sie nach, so erkannte ich ihre Richtigkeit, was die Geometrie anlangt, so tischte man mir sozusagen eine Fülle von Wahrheiten auf und man folgerte aus ihnen andere, aber man schien es mir nicht so recht klar machen zu wollen, warum die Dinge so waren, wie man sie mir zeigte und durch welche Mittel man zu ihrer Entdeckung käme." — Die ganze Lauge seines Spottes giesst Descartes über diese mathematische Beweiskunst aus. — „In der Tat, es gibt nichts Öderes, als sich mit Zahlen und erdichteten Figuren zu beschäftigen, Wert zu legen auf die Kenntnis derartiger Bagatellen, solchen zwecklosen Beweisen, die der Zufall eher als der Verstand entdeckt, mit so grosser Sorgfalt nachzugehen, mit so grosser Sorgfalt, ich wiederhole es, dass man es einem übelnimmt, wenn man dabei von seiner Vernunft Gebrauch machen will" (C. XI, 219—20).

10. Was sollen wir nun tun? Die Mathematik, unsere einzige sichere Zufluchtsstätte, scheint hier unseren Fragen jede Antwort zu versagen. Indes bedenken wir, vielleicht ist dieses Beweisverfahren, wie es uns in den Lehrbüchern von den mathematischen Schriftstellern dargestellt wird, nicht das Wirkliche, auf dem die wahrhaft fruchtbaren Lehrsätze dieser Wissenschaft gefunden worden sind. Und in der Tat, es muss wirklich so sein. Die Mathematik hätte sich nicht so überraschend schnell entwickelt, wenn ihre epochemachenden

Vertreter ein solches unfruchtbares Verfahren angewandt
hätten. Eine derartige geistlose Aneinanderfügung von
Sätzen hätten die grossen Philosophen des Altertums
schwerlich für wichtig genug gehalten, um sie als Vorbereitung für das eigentliche Studium der Philosophie
zu empfehlen (C. XI, 220).

Bevor wir also weitergehen können, handelt es sich
für uns darum, die wirklich echte mathematische Methode zu entdecken, die im Keime schon allen grossen
Errungenschaften dieser Wissenschaft zugrunde lag.

Das Ziel der Mathematik besteht doch offenbar
darin, Beziehungen zwischen verschiedenen Grössen
herzustellen. Die gewöhnliche Methode der Geometer
geht indes, wie wir ja soeben an einem Beispiele gesehen haben, ganz planlos vor. Durch allerlei ganz
und gar vom Zufall abhängige Kunstgriffe gelingt es
ihr, einen Satz an den andern kettend, ihr Ziel zu erreichen, d. h. die bekannten mit den unbekannten Grössen
synthetisch zu verknüpfen, so dass klar und unzweideutig
ihre gegenseitigen Beziehungen erkannt werden. Auf diese
Weise kommt man nie zu einem wirklich systematischen,
wahrhaft wissenschaftlichen Beweisgange. Die Anein-
anderheftung der bekannten und unbekannten Grössen,
d. h. die synthetische Methode, spielt hier die Hauptrolle, sie herbeizuführen, dazu muss sich der Scharfsinn
des Gelehrten bei jedem einzelnen Satze besonders abmühen.

Wie, wenn es möglich wäre, von vornherein eine
Synthesis, eine Beziehung zwischen den verschiedenen
Grössen herzustellen, die zwar noch nicht ganz klar
und durchsichtig ist, die aber in ganz systematischer
Weise von dem zergliedernden, analytisch vorgehenden
Verstande geklärt und vereinfacht werden kann. Dieses
Verfahren, in dem im Gegensatz zum früheren die Zer=
gliederung, die Analysis, die Hauptrolle spielen würde,
wäre eine wirklich durchsichtige und fruchtbare For-
schungsmethode.

Nun fragt es sich aber, wie will man es anfangen, um sofort eine Synthesis zwischen den verschiedenen mathematischen Grössen herzustellen. Ja, würde hier Descartes einwerfen, wollt ihr gleich die allereinfachste Beziehung zwischen den bekannten und unbekannten Grössen auffinden, dann müsst ihr allerdings den Weg der gewöhnlichen Geometer einschlagen, müsst euch bei jedem Problem in besonderer Weise abmühen. Denken wir z. B. an die Beziehungen zwischen den drei Seiten eines Dreiecks, das Problem ist viel zu kompliziert, die Seiten des Dreiecks können zu mannigfaltig sein je nach der verschiedenen Grösse der Winkel, als dass sich die einfachste unmittelbarste Beziehung mit einem Schlage herstellen liesse. Wohl aber gibt es einen Weg, um überhaupt eine Beziehung, eine Synthesis, wenn auch zunächst eine komplizierte, bei jedem mathematischen Problem zwischen den einzelnen Grössen herzustellen, wie sehr sich die letzteren auch von vornherein wegen ihrer grossen Ungleichartigkeit dagegen sträuben mögen. Und dieser Weg besteht darin, dass ich die verschiedenen Qualitäten der mathematischen Figuren durch einfache algebraische Grössen ausdrücke, dann werde ich sie leicht miteinander in Beziehung setzen können. Das ist nun in folgender Weise zu erreichen. Denke ich mir nämlich, wenn es sich etwa um die Planimetrie handelt, in der Ebene, in der die Figur eingezeichnet ist, zwei einander senkrecht schneidende Linien, dann ist jeder Punkt der Ebene bestimmt durch seine beiden senkrechten Abstände von diesen beiden Linien, d. h. durch zwei einfache algebraischen Grössen. In derselben Weise ist nun jeder Punkt einer einzelnen Figur bestimmbar und dem Mathematiker wird es nun unmittelbar klar, wie aus einer Reihe von solchen Punkten einer Figur — vorzugsweise werden es die Eckpunkte sein —, deren Abstände von den beiden sich senkrecht schneidenden Linien bekannt sind, sich ohne weiteres Beziehungen zwischen den einzelnen Teilen der Figur anknüpfen lassen. Handelt es sich doch nunmehr nur um die Verknüpfung einfacher, leicht vergleichbarer algebraischer Grössen.

Die Synthese stellt sich jedesmal dar als eine algebraische Gleichung und diese kann nun der Verstand in ganz methodischer Weise zergliedern und vereinfachen. Der Kenner weiss es, wie je eine Gruppe von geometrischen Problemen auf eine ganz bestimmte typische Gleichungsform führt, wie also nach Auflösung einer jeden solchen Gleichungsform eine Fülle von Problemen auf einmal ihre unmittelbare Lösung findet.

Also um es noch einmal kurz zusammenfassend zu wiederholen, während das Verfahren der gewöhnlichen Geometer ganz und gar synthetisch war, liegt bei Descartes der Schwerpunkt auf der Analysis. Eine provisorische Synthesis wird leicht und mühelos von vornherein angesetzt, indem, wie wir gesehen haben, die Mannigfaltigkeit der geometrischen Eigenschaften in eine einfache algebraische Grössenrelation umgesetzt wird, und nun beginnt das Hauptgeschäft, der Verstand kann klar um sich blickend, befreit von dem verwirrenden Eindruck der geometrischen Figuren, den Grössenkomplex in methodischer Weise zergliedern und auf eine einfache Form bringen, in der klar und unzweideutig die unbekannten Grössen durch die bekannten ausgedrückt sind.

11. Jetzt haben wir die neue Methode Descartes' in ihren Grundzügen gekennzeichnet und ihre fruchtbare Anwendbarkeit in der Mathematik deutlich zu machen gesucht. Diese Erfolge in der Mathematik ermutigten unseren Philosophen dazu, seine neue Wissenschaftslehre auch auf die andern Gebiete der Erkenntnis, auf die naturwissenschaftlichen Disziplinen anzuwenden, in die er sich ja schon vorher vertieft hatte.

„Hatte mir doch diese Methode, seitdem ich angefangen hatte, mich ihrer zu bedienen, schon soviele Befriedigung gewährt, wie ich sie süsser und unschuldiger in diesem Leben nicht zu erhoffen wagte. Täglich enthüllte sie mir neue wichtige und von andern nicht gekannte Wahrheiten, eine Wahrnehmung, die meinen Geist mit solchem Entzücken erfüllte, dass ich gegen alles andere gleichgültig wurde (C. I, 152).

Wie ist nun eine Anwendung unserer neuen Methode auf das Gebiet der Naturwissenschaften zu ermöglichen. Zunächst kann jedenfalls auch hier ein jedes Problem darauf zurückgeführt werden, unbekannte Beziehungen auf bekannte zurückzuführen. Wir haben etwa zwei Töne von verschiedener Höhe. Es soll ein dritter Ton genau bestimmt werden, so dass seine Tonhöhe um ebensoviel die des zweiten übertrifft, wie die Tonhöhe des zweiten die des ersten. Unsere Methode verlangt nun, suche zunächst eine provisorische Synthesis zwischen den drei Tönen zu erzielen, indem du etwa die Höhe des dritten Tones als bekannt annimmst, und dann nach den Anforderungen der Aufgabe eine Beziehung zwischen den drei Tönen herstellst. Wie soll aber zwischen Tönen eine wirklich exakte Beziehung hergestellt werden können. „Wiewohl man von einem Gegenstand sagen kann, dass er mehr oder weniger weiss ist als ein anderer, von einem Tone, dass er mehr oder weniger hoch ist, und ähnliches von den übrigen Eigenschaften, so können wir doch nicht genau bestimmen, ob dieses Verhältnis ein doppeltes oder dreifaches ist" .... (C. XI, 297).

Judes wie Descartes zur Verknüpfung der geometrischen Grössen ein Verfahren angegeben hat, bei dem dieselben durch einfache algebraische Werte ersetzt wurden, so wird sich auch hier ein Ausweg finden lassen. Alle sinnlichen Eigenschaften der Dinge, das Licht, die Farbe, der Ton haften insgesamt an Körpern.

Man versuche es einmal, eine von ihnen, etwa die Farbe
oder den Ton allein vorzustellen, es ist einfach unmöglich, sie sind nicht zu trennen von etwas Konkretem,
Ausgedehnten, mag es auch wie z. B. bei der Farbe
von noch so feiner Gestalt sein. Ja noch mehr nicht
nur dass alle sinnlichen Eigenschaften sich nur an
Körpern befinden, es finden auch zwischen ihnen und
den Körpern ganz intime Beziehungen statt. Betrachten
wir etwa eine gespannte Saite, schlage ich sie an, so
gibt sie einen Ton von sich, und dieser Ton wird höher
oder tiefer, je nachdem ich die Saite verkürze oder
verlängere, je nachdem ich sie stärker oder schwächer
anspanne, sie mit einer dünneren oder dickeren vertausche. Wie sich beim Menschen seine Empfindungen
in seinem Gesichte widerspiegeln, so die Eigenschaften
der Dinge in ihrer äusseren Gestalt. Mögen die sinnlichen Eigenschaften sein was sie wollen, wir haben
durchaus kein Interesse daran ihre Realität zu leugnen,
das können wir aber zugestehen, dass keine Veränderung
an ihnen stattfindet, die sich nicht in vollkommener
Weise in einer Änderung der ausgedehnten Körper, an
denen sie haften, wiederspiegelt (C. XI, 264). Und wie
wir die geometrischen Grössen, um eine Verknüpfung
zwischen ihnen herzustellen, durch algebraische ersetzt
haben, so ist auch eine exakte Verknüpfung der sinnlichen Eigenschaften möglich, wenn wir die Änderungen
der äusseren Gestalt, mit denen ihre Veränderungen verbunden sind, miteinander vergleichen. Die Änderungen der
äusseren Gestalt, wie etwa die verschiedenen Saitenlängen
der einzelnen Töne, sind aber ohne weiteres algebraisch
zu berechnen. So ergibt sich also eine ungezwungene
Anwendung unserer Methode auf die Naturwissenschaft ganz von selbst. Durch sorgfältige Experimente
werden wir uns einen Einblick in die Eigenschaften
der Dinge und in ihre Abhängigkeit von den äusseren
Formen, an denen sie haften, verschaffen. Auf Grund

letzterer ergibt sich die Synthesis, die Verknüpfung, in der die einzelnen Elemente miteinander stehen, und nun kann der Verstand analytisch vorgehend den Tatbestand zergliedern und die unbekannten Beziehungen durch die bekannten ausdrücken. So ist also auch in der Naturwissenschaft ein vollkommen sicheres Verfahren möglich. Sie kann angesehen werden als eine Wissenschaft von Grössen, die uns durch Experiment und Messung reinlich und unzweideutig, befreit von allen subjektiven Schlacken geliefert werden.

12. Es ist höchst bemerkenswert, wie Descartes bei Feststellung und Anwendung seiner Methode allen metaphysischen und erkenntnistheoretischen Fragen aus dem Wege geht. Es sind streng immanente, logische und methodologische Gesichtspunkte, die er zu Rate zieht. Unser logisches Wahrheitsgefühl, das ist die vornehmste und oberste Behörde, auf die wir angewiesen sind, mit der wir uns abfinden müssen. Also ganz und gar sind die skeptischen Gedanken, die unsern Philosophen früher so ausschliesslich erfüllt hatten, nicht geschwunden. Mochte er auch die Bedenken gegen eine strenggültige Wissenschaftsmethode haben fallen lassen, der Metaphysik ging er noch vorsichtig aus dem Wege, all sein Sinnen und Trachten dafür um so intensiver auf die Ausbildung und Erweiterung der realen, konkreten Forschung richtend.

Wie ängstlich er damals alle metaphysischen Probleme gemieden hat, dafür ist so recht bezeichnend sein Verhalten den Sinnesempfindungen gegenüber. Nicht weil die Sinnesempfindungen subjektiv sind, betrachtet er in der Physik nicht sie selbst, sondern die sie vertretenden räumlichen Figurationen, er tut es vielmehr deswegen, weil nur auf diesem Wege wirkliche exakte Naturwissenschaft möglich ist. Und hier können wir noch etwas Bemerkenswertes hinzufügen. Genau so wie

die ersten Konzeptionen der neuen mathematischen
Wissenschaft unserem Philosophen schon vor der Entwicklung seiner Methode vor Augen standen, wie aus
ihr heraus die Methode erst entstanden ist, um ihrerseits wiederum einen fruchtbaren Einfluss auf die neue
mathematische Disziplin auszuüben, der Wechselwirkung
bei der Dynamomaschine zwischen Elektromagneten und
Ankerstrom vergleichbar, so ist auch das Verhältnis
zwischen der neuen Methode und den Naturwissenschaften zu denken. Exakte physikalische Untersuchungen hatte Descartes, wie wir wissen, schon früher
angestellt, aber erst jetzt durch seine Methode ist er
zur vollen Klarheit über ihre Bedeutung, zur Einsicht,
dass sie die allein berechtigten ausschlaggebenden Faktoren bilden, gekommen. Durch diese Einsicht steht
er voll und ebenbürtig seinen älteren Zeitgenossen
Kepler und Galilei gegenüber da, erhebt er sich weit
über den getrübten wissenschaftlichen Horizont des
Barons von Verulam, der die exakt mathematischen
Gesichtspunkte in seiner Wissenschaftslehre ganz und
gar vernachlässigt hatte, und so ziel- und steuerlos in
dem weiten Ozean der empirischen Versuche umhertrieb,
vergeblich von den fühllosen Wogen erwartend, dass
sie ihn zu dem erlösenden Eiland, zum Tempel der
Klarheit und Gewissheit trügen.

13. Wenn Descartes, wie wir gesehen haben, nur
für die Wissenschaften einen sicheren Führer in seiner
Methode gefunden hatte, wie musste er sich dann im
praktischen Leben, in seinem Tun und Handeln, verhalten. Die Ethik bedarf doch auch grundlegender
sicherer Fundamente, muss sich stützen auf feste philosophische Grundanschauungen, wie sie unser Denker
bis jetzt noch keineswegs besitzt. Descartes hat dies
wohl empfunden. Indessen eine provisorische Moral,
die ihm solange auszureichen schien, bis er zu festen

philosophischen Grundsätzen gekommen wäre, glaubte er sich schon jetzt bilden zu können. Bei seinem Misstrauen allen festen Moralprinzipien gegenüber schien es ihm ratsam, die Handlungen der verständigsten Menschen zu prüfen und ihre Ethik zu der seinigen zu machen, in den Punkten aber, wo die Meinungen geteilt waren, stets die gemässigteren zu wählen. Vor allem galt es sodann für ihn, diese gewonnenen Anschauungen konsequent in seinen Handlungen zu betätigen. Mochten sie sich auch teilweise auf gar keine triftigen Gründe stützen, es ist besser sie durchzuführen, als eine charakterlose schwankende Haltung im Leben einzunehmen, das ist unsittlich und führt zu nichts Rechtem. In diesen Grundsätzen waren aber noch nicht die persönlichen Triebe und Wünsche der menschlichen Natur berücksichtigt, die doch einen so wichtigen Einfluss auf die Willenshandlungen ausüben. Diese müssen durch den Verstand im Zaum gehalten werden. Untersuchen wir bei allen unseren Wünschen, ob und wieweit ihre Befriedigung möglich ist oder nicht, bringen wir uns dies zur vollkommenen Klarheit, dann werden wir aufhören etwas, was nicht in unserer Macht steht zu verlangen, über die Unerreichbarkeit vieler unserer Wünsche Kummer zu empfinden. Denn es liegt in der Natur unseres Willens, sich nur auf das zu erstrecken, was der Verstand ihm als erreichbar darstellt.

Es liegt auf der Hand, dass solche ethischen Grundsätze nur ein Idealist aufstellen konnte. Und ein Idealist war Descartes immer gewesen, auch bevor er feste philosophische Prinzipien gewonnen hatte. So wird es uns nicht wundern, wenn die ethischen Anschauungen, die unser Philosoph später in seinem Mannesalter entwickelt, denselben Grundcharakter haben, wie er in dieser provisorischen Moral schon zum Ausdruck kommt.

14. Es war in dem einsamen Winterquartier an der Donau, wo Descartes die Grundzüge seiner soeben geschilderten Methode entwarf. Im Sommer des Jahres 1620 verliess er auf einige Zeit das Heer, um die Eintönigkeit des Lagerlebens zu unterbrechen. In den Monaten Juli und August hält er sich in Ulm auf, hier traf er Landsleute, eine Abordnung von französischen Gesandten, die zwischen den kriegsführenden Parteien vermitteln wollte. Aber auch wissenschaftliche Anregungen sollte er hier finden durch den Verkehr mit dem Mathematiker Johann Faulhaber. Dieser Gelehrte hatte bei der ersten Begegnung den jungen Offizier hinsichtlich seiner wissenschaftlichen Kenntnisse genau so unterschätzt, wie früher der Holländer Beeckmann. Nachdem das Missverständnis aufgeklärt worden war, entspann sich zwischen beiden ein reger wissenschaftlicher Gedankenaustausch. Mochte auch immerhin Descartes, im Besitze seiner neuen mathematischen Methode, mehr der gebende Teil sein, mancherlei hat er wohl trotzdem von dem deutschen Forscher lernen können. Faulhaber beschäftigte sich damit, Summenformeln für die Potenzen der aufeinanderfolgenden Zahlen (Quadratzahlen, Kubikzahlen und weiter hinauf bis zur elften Potenz) festzustellen, Untersuchungen, die schon einen Einblick in die Natur der Reihen höherer Ordnung voraussetzen.

Schon im Monat September nahm Descartes von der bayerischen Stadt Abschied. Er hatte wieder einmal Lust bekommen, etwas gesellschaftliches Leben mitzumachen. In Wien, am kaiserlichen Hofe, finden wir ihn wieder. Aber auch hier war seines Bleibens nicht lange. Er kehrte nach kurzer Zeit wieder zum Heere nach Böhmen zurück. Ob er die Schlacht am weissen Berge bei Prag mitgemacht hat, die für den unglücklichen Friedrich V. von der Pfalz so verhängnisvoll wurde, steht nicht mit Sicherheit fest. Es wäre dies jedenfalls der erste Kampf, an dem er sich persönlich beteiligt hätte. Wie es auch immer gewesen sein mag, sicherlich hat er sich nach der Schlacht in Prag einige Wochen aufgehalten. Während die Soldaten plünderten, dachte er nur daran, seine Kenntnisse zu erweitern, suchte er mit dortigen Gelehrten in Verbindung zu treten. Wenn er sich hier nach dem Verbleib der astronomischen Instrumente des berühmten Tycho de Brahe erkundigt hat, so entspricht dies ganz seiner ausserordentlichen Wissbegierde, alles Sehenswerte persönlich in Augenschein zu nehmen. Descartes hätte hierdurch in den Verdacht der Äusserlichkeit kommen können, wenn nicht andere Tatsachen beweisen, wie es gerade der Geist der Gründlichkeit und Exaktheit war, der ihn hierzu trieb. Auch in naturwissenschaftlichen Forschungen hielt er es ja immer nur mit der konkreten Anschauung, verliess er sich nie auf die Experimente anderer. Alles musste er nachprüfen, von allen Tatsachen sich persönlich überzeugen, wenn anders sie für ihn Wert haben, einen Baustein für seine Lebens- und Weltanschauung bilden sollten.

Bis Mitte Dezember blieb unser Philosoph in Prag. Für den Rest des Winters hielt er sich bei den Truppen auf, die der Herzog von Bayern an den Grenzen des mittleren Böhmens zurückgelassen hatte, so wieder ganz auf sich selbst angewiesen und mit den wissenschaftlichen Anwendungen seiner Methode beschäftigt, während die Kameraden um ihn herum die Zeit mit Trinken und Spielen totschlugen. Wie roh das Soldatenleben im dreissigjährigen Kriege war, ist ja zur Genüge bekannt. Descartes hat sicherlich seine ganze Willenskraft aufbieten müssen, um sich gegen die schädlichen Einflüsse seiner Umgebung zu schützen. Es liegt etwas ausserordentliches Bewundernswertes und Grosses in diesem Verhalten des jungen Kriegers, wie er allen feindlichen Gewalten zum Trotz dem idealen Wissensdrang, der ihn so mächtig erfüllt, sich ganz und gar hingibt. So ist ihm dieses Wunder geglückt, mitten in der Schreckenszeit jenes entsetzlichen Krieges, der für die damalige Welt nur Tod und Verderben bedeutete und zur Erstickung der geistigen und sittlichen Kräfte führte, in seinem eigenen Geistesleben eine ausserordentliche Bereicherung und Kräftigung zu erfahren, wie sie ihm vielleicht sonst keineswegs in demselben Masse zuteil geworden wäre.

Niemals war die Wanderlust in unserem Philosophen so ausserordentlich rege, wie gerade in diesen Jahren. Zu Anfang des Frühlings 1621 finden wir ihn in Ungarn als Freiwilligen im Heereszuge des Grafen von Bucquoy, welcher gegen Bethlen Gabor gerichtet war, der die Herrschaft in Ungarn an sich gerissen hatte. Im Mai wird Pressburg genommen. Im Juli begann man mit der Belagerung von Neuhäusel. Hier fiel jedoch der Oberbefehlshaber, Graf Bucquoy. Die Kaiserlichen zogen infolge dessen ab, und gegen Ende Juli kehrt Descartes mit einer grossen Schar von Landsleuten, die sich ebenfalls am Feldzuge beteiligt hatten, nach Pressburg zurück.

15. Vier Jahre lang hatte jetzt Descartes das Soldatenleben mitgemacht. Die anfängliche Liebe zum Waffenberuf mochte wohl jetzt einer gewissen Gleichgültigkeit gegen denselben Platz gemacht haben. Es nimmt dies nicht Wunder, ist doch Descartes im Verlaufe dieser vier Jahre ein anderer Mensch geworden. Die systematische Erforschung der Wissenschaften, die er sich auf Grund seiner Methode als Ziel gesetzt hatte, konnte in den unbequemen Situationen, wie sie das Kriegsleben mit sich bringt, nur sehr schwer und mit grossen Störungen betrieben werden. Und mochte auch daneben sein Drang, das grosse Buch der Welt in seinem ganzen Reichtum kennen zu lernen, noch keineswegs vollständig gestillt sein, so konnte doch dieser besser durch eigene und selbständige Reisen befriedigt werden, jetzt wo es ihm darauf ankam, dabei auch gleichzeitig Raum für seine wissenschaftlichen Neigungen zu gewinnen.

So wird es uns nicht überraschen, wenn Descartes den Waffendienst aufgibt und fortan Reisen auf eigene Hand unternimmt, dabei keine Gelegenheit vorübergehenlassend, die es ihm ermöglicht, seine Weltkenntnisse zu bereichern, oder seine naturwissenschaftlichen und mathematischen Studien zu fördern. Von Ungarn aus, das er noch im Juli des Jahres 1621 verlässt, reist er nach Mähren, von dort nach Schlesien, Breslau und allerhand andere denkwürdige Orte werden auf der Tour berührt. Dann zog er weiter nach Norddeutschland und lernte auf diese Weise Brandenburg, Mecklenburg und Holstein kennen. Von Deutschland beabsichtigte er nun noch die Nordseeküste kennen zu lernen. Hierbei hatte er auf der Überfahrt von Ost- nach Westfriesland ein gefährliches Abenteuer zu bestehen, das ausserordentlich charakteristisch für die Geistesgegenwart und den persönlichen Mut unseres jungen Helden ist. Die Besatzung des kleinen Schiffes, in dem er die Reise machte, war eine habgierige und räuberische Gesellschaft. In dem Glauben, dass Descartes ihren Dialekt nicht verstehe, unterhielten sie sich darüber, wie sie den Fremden, der nur einen Diener bei sich hatte, ausplündern und ins Meer werfen wollten. Da erhob sich Descartes plötzlich, zog seinen Degen und drohte sie auf der Stelle zu durchbohren, wenn sie es wagten, Hand an ihn zu legen. Auf diese Weise jagte er dem feigen Gesindel einen solchen Schreck ein, dass sie ihn unbehelligt liessen.

Nach kurzem Verweilen in Friesland vertauschte Descartes seinen dortigen Aufenthalt mit Holland, dem Lande, wo er seine ersten Kriegsjahre zugebracht hatte. In der Residenzstadt Haag herrschte zur damaligen Zeit reges gesellschaftliches Leben. Hier fanden sich die Reichsstände ein, um über die Angelegenheiten der Republik zu verhandeln, hier residierte der Statthalter Fürst Moritz von Oranien, unter dem unser Philosoph gedient hatte. Auch eine Menge fremder Adelspersonen hatte sich in der Stadt eingefunden. Einen traurigen Gegensatz jedoch zu all diesem Glanz und der Pracht, bildete der kleine Hof der unglückseligen Königin von Böhmen, die hier eine Zufluchtsstätte gefunden hatte. Wir wissen nicht, ob Descartes damals mit der Königin in Berührung gekommen ist, wir werden aber sehen, wie er später einer der besten Freunde ihrer ältesten Tochter, der Prinzessin Elisabeth, wird, die damals noch ein kleines Kind war. Descartes blieb hier einen grossen Teil des Winters. Dann aber hielt er es nicht mehr länger in der Fremde aus. Nur einige Zeit noch verweilte er in den spanischen Niederlanden, um den Hof von Brüssel kennen zu lernen, dann aber ging es heimwärts nach Frankreich, das er seit neun Jahren verlassen hatte. Mitte März 1622 kam unser Philosoph in Rennes an. Gross war die Freude des Vaters beim Wiedersehen des so lange .Zeit entbehrten Sohnes. Da Descartes jetzt mündig war, wurde ihm der Besitz der ihm zufallenden Güter übergeben. Neben seinen Verwandten standen unserem Philosophen die Freunde, die er in Paris hatte, am nächsten, und so war es nur natürlich, dass sein nächstes Reiseziel die Hauptstadt war. Hier wurde er von allen Seiten umringt und mit Fragen bestürmt, über die politischen Verhältnisse in Deutschland, über seine Reisen und Erlebnisse. Kurz und gut über alles mögliche musste er Auskunft geben. Was aber die neugierigen Pariser vor allen Dingen interessierte, das war die geheimnisvolle Verbindung der Rosenkreuzer, über die sich gerade damals in der Stadt alle Welt den Kopf zerbrach.

Schwerlich haben wohl die Pariser von unserm Philosophen darüber etwas Genaueres erfahren. Zwei Monate blieb Descartes in der Hauptstadt, in der er Ende Februar 1623 angekommen war. Wie angenehm auch diese Zeit für ihn verfliessen mochte im Verkehr mit den alten Bekannten und Freunden, es gingen ihm dabei auch mancherlei Sorgen durch den Kopf. Alle seine gleichaltrigen Kameraden hatten schon einen Beruf erwählt, nur er konnte sich hierzu nicht entschliessen. Zwar hätte es sein Vater sicherlich sehr gerne gesehen. Das Ansehen dieser alten adeligen Familie erforderte es, dass ihre Mitglieder auch eine dem entsprechende höhere Stellung im Civil- oder Militärdienste des Vaterlandes einnahmen. Der Vater selbst war Parlamentsrat zu Rennes, sein ältester Sohn hatte ebenfalls die richterliche Carrière gewählt. Nur unser Philosoph schwankte noch, ob er sich einem festen Berufe widmen sollte, ob sich dies vereinen liesse mit seinen wissenschaftlichen Studien, die doch einen ganzen Mann für sich verlangten.[1])

16. Anfang Mai verliess Descartes Paris und bemühte sich, einen grossen Teil der ihm zugefallenen Güter zu verkaufen. Sodann beschloss er eine Reise nach Italien zu unternehmen, angeblich um die Angelegenheiten eines verstorbenen Verwandten zu ordnen und um womöglich das von jenem eingenommene Amt eines Armee-Intendanten zu erhalten. In Wirklichkeit aber dachte er kaum ernstlich daran, sich um diesen Posten zu bemühen, wie früher war es ihn auf dieser Reise hauptsächlich um die Vervollständigung seiner Welt- und Menschenkenntnisse zu tun.

---

[1]) Dass deswegen der Vater eine Zeitlang verstimmt war, ist wohl möglich. Eine dauernde Störung des guten Verhältnisses zwischen Vater und Sohn anzunehmen, dürfte nicht richtig sein. (Archiv f. Gesch. der Philos. XIII. S. 571.)

Im Monat September trat unser Philosoph seine Reise an. Ausserordentlich fesselte ihn die Tour durch die Alpen. In ihrer Durchforschung fand sein naturwissenschaftlicher Sinn vollauf seine Befriedigung. Überall sah er Probleme; Tieren, Gewässern, Bergen, Winden, allen Dingen suchte er ihr Geheimnis zu entlocken, der Natur den Schleier zu entreissen, der über ihr ausgebreitet liegt. Wir können es uns kaum vorstellen, mit welchem Enthusiasmus sich der Philosoph diesen Problemen hingab, hier wo ihm die Natur in ihrer ganzen elementaren Ursprünglichkeit entgegentrat, und wo er es als einer der ersten wagte, ihr unerschrocken und mit festem Blick in das rätselhafte, unergründliche Antlitz zu schauen.

Doch bald sollten andere Bilder diese Stimmungen in den Hintergrund drängen. Italien war erreicht. Jetzt traten wieder die Menschen, und ihr Leben und Treiben in den Mittelpunkt des Interesses, in Innsbruck der kaiserliche Hof Ferdinand II., in Venedig die Trauung des Dogen mit dem adriatischen Meere. Dann ging es weiter hinunter bis nach Rom, wo Descartes bis zum Anfange des Frühlings 1625 blieb, bei seinem modernen Fühlen sich sicherlich mehr für die damaligen Bewohner der Weltstadt und ihre Sitten als für die alten Kunstschätze, die in ihr aufgespeichert lagen, interessierend.

Auf der Heimreise machte er noch einmal einen kleinen Aufenthalt in den Alpen. Bei Savoyen misst er die Höhe des Gebirges. Abermals erwecken seine Aufmerksamkeit allerhand naturwissenschaftliche Probleme, er sinnt nach über die Entstehung der Gletscher, über die Natur des Donners und des Blitzes, über das Phänomen der Wirbelwinde und dergleichen.

Dass unser Philosoph zur damaligen Zeit keineswegs das Interesse für das Kriegswesen vollständig verloren hat, zeigte er kurz vor dieser zweiten Alpentour, wo er mit grosser Aufmerksamkeit einen Teil der gegen Genua gerichteten kriegerischen Unternehmungen beobachtete, an denen auch Frankreich beteiligt war.

17. Im Mai des Jahres 1625 kehrte Descartes wiederum nach Frankreich zurück. Auch jetzt bot sich ihm abermals eine günstige Gelegenheit, in einen praktischen Beruf einzutreten, es handelte sich um einen höheren richterlichen Posten zu Châtellerault (A. I, 4). Aber auch diesmal wies er das Anerbieten ab, fest entschlossen, nur sich und seinem Philosophenberufe zu leben. Zu diesem Entschlusse haben wohl auch ein wenig seine Pariser Freunde beigetragen, die ihn gerne in ihrer Nähe haben wollten. Descartes blieb nun auch wirklich für die nächsten drei Jahre, einige wenige Unterbrechungen ausgenommen, in der Hauptstadt.

Die Zahl seiner hiesigen Freunde und Bekannte hat sich in dieser Zeit um eine beträchtliche Anzahl vermehrt. Unter den dauernden Freundschaften, die er hier geschlossen hat, wollen wir jetzt einige bedeutungsvolle hervorheben. Da ist vor allem zu nennen ein Geistlicher, der Pater Gibieuf, der zur Gesellschaft der Oratorianer gehörte. Dieser Gelehrte hatte ein ganz besonderes Interesse für theologische und metaphysische Fragen. Wir wissen, dass unser Philosoph sich jetzt noch nicht ernstlich mit der Lösung von metaphysischen Problemen beschäftigte. Aber diesem Manne hat er sicherlich viele Anregungen auf diesem Gebiete zu verdanken (A. I, 16). Wir ersehen es aus seinen Briefen, in welch dankbarer Erinnerung er ihn hält, wie er sich freut über die wesentliche Übereinstimmung in ihren beiderseitigen philosophischen Grundanschauungen (A. I. 16. 220. II. 97. III. 385).

Unter den Descartes nahestehenden Pariser Mathematikern sind besonders De Beaune und Morin wichtig. Ersterer hat sich nicht nur einen Namen erworben durch die Erläuterungen zu Descartes' Geometrie, er war es auch, mit dem unser Philosoph mathematische Probleme der schwierigsten Art, die schon in das Gebiet der Unendlichkeitsrechnung hineinfallen, zu besprechen keinen Anstand nahm (A. II, 521. 541). Morin war ein rückhaltsloser Bewunderer von Descartes' mathematischen Verdiensten, späterhin hat er in höchst taktvoller Weise einige Einwendungen gegen seine physikalische Anschauungen gemacht (A. I, 537).

18. Indessen nicht nur mit den Pariser gelehrten Kreisen kam der Philosoph damals in vielfache Berührung, bei seinem feinfühlenden Verständnis für die freie schöpferische Kraft der Phantasie wird es uns nicht in Erstaunen setzen, wenn wir hören, dass er auch mit dem Schriftsteller Balzac, der damals durch seine „Briefe" in ganz Frankreich Aufsehen und Bewunderung erregte, ein herzliches Freundschaftsbündnis schloss. Wie alle Welt so war auch Descartes entzückt über den glänzenden Stil des gleichaltrigen Freundes. Aber auch inhaltlich haben die Schriften Balzacs, wie wir wissen, damals seinen vollen Beifall gefunden, wie fern es ihm auch selbst gelegen hat, in einer derart rhetorischen und mehr schöngeistigen Manier über alle möglichen Dinge sich auszulassen. Ist es doch überhaupt sehr naheliegend, dass gerade der Philosoph besonderes Gefallen an den leichten und anmutigen Schöpfungen der Phantasie finden muss, wenn er das Bedürfnis fühlt, sich zu erfrischen und auszuruhen von der strengen, allen sinnlichen Schmuck meidenden abstrakten Gedankenarbeit. Hören wir Descartes selbst, wie er über seinen Freund urteilt. „Mir gefallen die Briefe Balzacs so, dass ich nicht etwas an ihnen angeben kann, was besonders zu loben sei, wie die Gesundheit des Körpers dann am besten ist, wenn sie kein Empfinden davon zurücklässt; sie sind schön, wie eine vollkommen ebenmässige und proportionierte Frauengestalt, deren Schönheit nicht im einzelnen sich darstellt, sondern in dem vollkommenen Ebenmasse besteht .... Aus einer solchen glücklichen Harmonie zwischen Stoff und Form entspringt eine Anmut, die von derjenigen, die dem Publikum vorgetäuscht wird, so absticht, wie die Farbe eines wohlgestalteten edlen Mädchens von der einer zinnoberroten und geschminkten lüsternen alten Vettel" (A. I, 7 u. 8). Wenn Descartes in seinen Schriften in so gewandter Weise mit der französischen Sprache umzugehen versteht, so mag neben seiner eigenen stilistischen Begabung wohl auch das Beispiel des Freundes anregend auf ihn gewirkt haben. In Balzac erkennt er unbedingt den Meister des Stils. Auch seine eigene Ausdrucksweise wird phantasievoller und erhält mehr Schwung in den Briefen, die an den Freund gerichtet sind, gleichsam als schämte er sich seiner einfachen und anspruchslosen, dabei aber doch so geschickten und anmutigen Darstellungsgabe. „Euch gegenüber schäme ich mich am meisten über die Rauhigkeit des Stils und die Einfachheit der Gedanken" (A. I, 381), schreibt er dem Freunde, als er ihm sein erstes für die Öffentlichkeit bestimmtes Werk, den Discours de la méthode, schickt.

19. Es ist selbstverständlich, dass der Philosoph die mannigfachen Anregungen, die er in dieser Zeit von Freunden und Bekannten erhielt, nicht bloss passiv aufnahm. Er benutzte vielmehr jede Gelegenheit, wo er sich den Pflichten des gesellschaftlichen Lebens entziehen konnte, zur weiteren Ausbildung und Erweiterung seines wissenschaftlichen Horizonts. Namentlich seine optischen Forschungen suchte er in dieser Zeit zu vertiefen. Sein alter Freund Mydorge, der ihm schon bei seinem ersten Pariser Aufenthalt als wissenschaftlicher Berater so treu zur Seite gestanden hatte, wurde ihm auch in dieser Zeit von unschätzbarem Werte. Verstand er doch ganz vorzüglich die Kunst, Gläser zu schneiden und zu schleifen, eine Fertigkeit, die für den wissenschaftlichen Optiker geradezu unentbehrlich war. Ausserdem machte er Descartes auf einen geschickten Glasschleifer Namens Ferrier aufmerksam. Dieser Mann hatte sich durch den Umgang mit den beiden Freunden auch mancherlei Kenntnisse über die physikalischen Gesetze der Optik angeeignet und wurde ihnen durch seine leichte Auffassungsgabe und gewandte technische Ausführung der wissenschaftlichen Apparate geradezu unentbehrlich. Es war nicht Descartes' Schuld, wenn Ferrier später infolge seiner Unzuverlässigkeit und Unpünktlichkeit es mit seinen Gönnern verdarb und schliesslich in Armut und Elend geriet. In diese Zeit ist nun offenbar die epochemachendste Entdeckung Descartes' in der Optik zu setzen, nämlich das Lichtbrechungsgesetz. Geht ein Lichtstrahl von einem Medium in ein anderes über, so steht der Sinus des Einfallswinkels zum Sinus des Brechungswinkels in einem konstanten Verhältnis. Mit berechtigtem Stolz erwähnt Descartes diese Entdeckung in den Regeln als eine unmittelbare Frucht seiner neuen Wissenschaftslehre (C. XI, 241—42). Die komplizierte Natur des Lichts wird zunächst nach Analogie der mechanischen Bewegung betrachtet. Dann gelingt es ohne weiteres durch Anwendung der in der Mechanik gültigen Gesetze der Entdeckung auf die Spur zu kommen[1] (C. V, 21 u. f.). Sogar wenn man von der

---

[1] Dass Descartes schon während seines Pariser Aufenthaltes mit dem Lichtbrechungsgesetz vertraut war, geht unmittelbar aus seinen Briefen an Ferrier hervor. Man hat behauptet, Descartes habe das Gesetz den Manuskripten des Physikers Snellius entlehnt. Diese Behauptung lässt sich nicht nur nicht mit dem wahrheitsliebenden Charakter des Philosophen vereinen, auch der einzige positive Zeuge, der dafür aufzuweisen ist, nämlich J. Voss, ist unzuverlässig. Denn er war nicht nur auf Descartes schlecht zu sprechen, weil er in ihm

tatsächlichen Feststellung des Gesetzes absieht, die tiefsinnige theoretische Ableitung desselben bedeutet allein schon eine grosse Leistung, die es offenbar werden lässt, dass Descartes ein weit tieferes und klareres Verständnis von der Natur dieser Erscheinung gehabt hat, als der Holländer Snellius, der das Gesetz auf rein empirischem Wege gefunden und es dazu nicht einmal in einer so einfachen Form wie unser Philosoph dargestellt hat.

20. Neben den wissenschaftlichen Arbeiten war Descartes auch durch das gesellschaftliche Leben in Paris nicht wenig in Anspruch genommen. Wir haben es ja schon früher gesehen, wie er dank seiner adeligen Abkunft Zutritt zu den höchsten Kreisen hatte. So finden wir ihn auch jetzt häufig am königlichen Hofe zu Fontainebleau. Die sinnreich ausgedachten Maschinen, durch die in den Grotten und Fontänen des dortigen Parkes die verschiedenen Wasserkünste getrieben wurden, haben den nachdenklichen Philosophen vielleicht oft mehr unterhalten als die Hofgespräche, er benutzt sie in seinem Werke über die Natur des Menschen, um an ihnen zu veranschaulichen, wie im organischen Körper durch eine einzige Kraft die mannigfachsten Arbeitsleistungen hervorgebracht werden können (C. IV, 347).

Bei der grossen Gewandtheit und dem weltmännischem Takt, die unser Philosoph durch seine vielen Reisen erworben hat, muss er auch sicherlich ein angenehmer Gesellschafter gewesen sein. Man rühmt ihm nach, dass er sich mit Frauen besonders gerne unter-

---

am Hofe der Königin Christine von Schweden seinen Rivalen sah, er besass auch ausserdem eine wahrhaft kindische Leichtgläubigkeit. So soll König Karl II. eines Tages von ihm gesagt haben: „Voila un étrange savant, il croit tout hors la Bible". Vergleiche auch die Arbeiten von P. Kramer (1882) und D. J. Korteweg (1896).

halten habe (P. Borelli 3). Sicherlich wurde er von
den Damen sehr gerne gesehen, jung und vornehm wie
er war, dazu noch umgeben von dem romantischen
Nimbus, wie ihn durchgemachte Kriegs- und Reise-
abenteuer stets hervorzurufen pflegen. Indessen genau
so wenig wie zur Übernahme eines festen Berufes hat
er sich zur Heirat entschliessen können (Baillet II, 501).
In einer Gesellschaft soll er einmal gesagt haben, eine
schöne Frau, ein gutes Buch und ein vollkommener
Prediger gehören zu den Dingen, die am schwierigsten
aufzufinden seien.

21. Wie grosse Mühe sich auch der Philosoph gab,
Ruhe und innere Sammlung zum fruchtbaren Arbeiten
in Paris zu finden, es gelang ihm mit der Zeit immer
weniger, denn von Tag zu Tag vergrösserte sich der
Freundes- und Bekanntenkreis, der sich um ihn scharte.
So entschloss er sich endlich, zu feinfühlig wie er war,
die Leute direkt abzuweisen, zu dem Zufluchtsmittel
zu greifen, das er schon bei seinem ersten Aufenthalt
in der Hauptstadt benutzt hatte, eine einsame und ver-
steckte Wohnung zu nehmen, um so im verborgenen erfolgreicher arbeiten zu können. Indessen es half ihm nichts.
Nach einigen Wochen wurde er wieder entdeckt. Da
beschloss er, offenbar weil er in Paris doch nichts
Rechtes anfangen konnte, nach La Rochelle zu reisen,
um sich die Belagerung dieser Festung anzusehen, die
schon im Spätherbst des Jahres 1627 begonnen worden
war.[1])

Die Hugenotten nämlich waren wieder einmal im
Aufstand begriffen. Sie hatten den Krieg, den Frankreich mit England augenblicklich führte, benutzt und

---

[1]) Thouverez, dessen im Archiv f. Gesch. d. Philos. zusammen-
gestelltes biographisches Material recht interessant ist, glaubt, dass
Descartes' Anwesenheit in La Rochelle nicht ganz sicher festzustellen
sei. Er bringt jedoch keinen zwingenden Gegenbeweis.

sich den Feinden angeschlossen. Ihr Wohl und Wehe hing von der Widerstandsfähigkeit der Festung La Rochelle ab. Descartes beteiligte sich selbst als Freiwilliger an dem Kampfe gegen die Rebellen und beobachtete mit lebhaftem Interesse die technischen Kunstgriffe, mit denen man die Einschliessung der Stadt ermöglichte. Durch einen mächtigen Pallisadenring, der aus versenkten Schiffen, Pfahlwerk, Quadersteinen etc. hergestellt wurde, gelang es die Einfahrt in den Hafen total zu sperren, so dass sich alle Entsatzversuche der Engländer als aussichtslos erwiesen. Da nun auch zu Lande die Festung durch eine Reihe von Forts umgeben und von Truppenmassen eingeschlossen wurde, so zwang schliesslich der Hunger zur Übergabe. Am ersten November 1628 zog das siegreiche Heer in die Stadt ein. Die ausgehungerte Einwohnerschaft erweckte einen kläglichen und mitleiderregenden Eindruck. Es war hier das letzte Mal, dass sich Descartes an einem Kampfe beteiligte. In dem Masse als er älter wurde, nahm das Interesse am Kriegswesen ab (A. II, 480) und machte schliesslich sogar einer gewissen Abneigung Platz. „Ich vermag kaum das Kriegshandwerk unter die ehrenhaften Berufszweige zu rechnen" heisst es in einem Briefe, den er in seinen letzten Lebensjahren geschrieben hat (A. V, 557).

22. Descartes reiste nach der Übergabe der Festung wieder nach Paris zurück, an der weiteren Niederwerfung der Hugenotten sich nicht mehr beteiligend. Unmittelbar nach seiner Ankunft wurde er zu einem grossen Gesellschaftsabend beim Nuntius des Papstes eingeladen, dessen Verlauf für seine weitere philosophische Entwicklung recht bedeutsame Folgen haben sollte. In der Gesellschaft erregte ein Mann Namens Chandoux grosses Aufsehen. Er war seines Zeichens ein Chemiker, spielte sich als ein Reformator der Philosophie auf und wurde nicht müde, auf Aristoteles und die Scholastiker zu schimpfen. In Wirklichkeit war er ein Schwadroneur und ein grosser Flachkopf. Trotzdem hatte er Glück mit seinen nichtssagenden Redensarten. Denn wie in jeder Übergangszeit herrschte auch damals in den Köpfen eine grosse Verwirrung, man war nicht mehr fähig, das Echte vom Unechten zu unterscheiden und jubelte einem jeden zu, der auf die alten Zustände schimpfte, mochte er auch ein noch so grosser Hohlkopf sein. Descartes, der allein in der Gesellschaft den Prahlhans durchschaute, beteiligte sich nicht an den allgemeinen Beifallskundgebungen. Sein Benehmen fiel auf, und schliesslich musste er, so unangenehm es ihm auch war, einen Menschen blosszustellen, seine Anschauung über das eben Gehörte mitteilen. Er machte darauf aufmerksam, wie vergeblich es sei, aus blossen Vermutungen eine Philosophie aufzubauen und liess dabei den Charakter seiner eigenen wissenschaftlichen Methode durchblicken. Der in dieser Weise entlarvte Chandoux hat übrigens späterhin ein klägliches Ende gefunden. Der „Reformator der Philosophie" hatte nämlich mit der Zeit Geschmack an einem einträglicheren Berufe gefunden. Er verlegte sich auf die Falschmünzerei, wurde aber dabei ertappt und musste seine Schwindeleien mit dem Tode büssen.

Als Descartes an jenem Abende einem grösseren Kreis von Zuhörern einen flüchtigen Einblick in das Wesen seiner wissenschaftlichen Methode ermöglicht hatte, war er vielleicht der einzige, der mit dem Beifall und der Bewunderung, die ihm gezollt wurde, nicht recht zufrieden war. Sein bisheriger agnostischer Standpunkt den allgemeinen philosophischen Problemen gegenüber genügte ihm nicht mehr. „Neun Jahre waren vergangen (seit der methodischen Selbstbesinnung) und noch hatte ich zu keinem Probleme, wie sie unter den Gelehrten diskutiert werden, feste Stellung genommen, oder versucht, sicherere Grundlagen aufzufinden, als sie die gewöhnliche Philosophie besitzt" (C. I, 155). Und doch wurden seine metaphysischen Bedürfnisse, die er bis jetzt nur leise gefühlt oder mit Gewalt zurückgedrängt hatte, immer dringender, mahnten ihn immer gebieterischer an ihre Befriedigung. Ein echt faustischer Drang nach den letzten Quellen der Erkenntnis lebte in unserem Philosophen, und nur seiner ausserordentlichen Selbstdisziplin war es gelungen, ihn bisher zurückzuhalten, um den Gefahren zu entgehen, in leere metaphysische Spekulationen hineinzugeraten (C. I, 145). Sollte er nun immer noch zögern, die grossen Probleme der Philosophie in Angriff zu nehmen, sich weiter auf die Erforschung der konkreten Wissenschaften beschränken. Aber selbst auf letzterem Gebiete musste er schliesslich einmal zu Fragen rein metaphysischer Natur Stellung nehmen, ob es in der Natur einen leeren Raum gibt oder nicht, worin das Wesen der Materie besteht und dergleichen. Die Methodenlehre musste hier natürlicher Weise versagen, nur zur Lösung von Problemen, die sich auf empirischem Wege feststellen lassen, konnte sie die Anleitung geben.

Wenn unser Philosoph selbst noch schwankte, ob er die gehörige Reife für sein grosses Unternehmen schon besässe, so musste ein Ereignis wie der vorher geschilderte Gesellschaftsabend ihn immer mehr zu einem festen Entschluss, zur ernsten Inangriffnahme der metaphysischen Probleme drängen. Musste doch sein Auftreten den Eindruck erwecken, als ob er schon im Besitze fester philosophischer Prinzipien wäre, während in Wirklichkeit davon noch nicht die Rede war. „Ich war aber zu aufrichtig, um für mehr gelten zu wollen, als ich wirklich war, und ich dachte, dass ich mit allen Mitteln versuchen müsste, mich des Rufes, den ich hatte, würdig zu erweisen" (C. I, 156). Es wird sich zeigen, wie ernsthaft Descartes die Ausführung seiner Pläne in die Hand nahm. Der eben zitierte Ausspruch ist übrigens wieder recht kennzeichnend für unsern Philosophen. Bescheiden wie er ist, glaubt er, dass er sich vor der Welt entschuldigen muss, weil er als dreiunddreissigjähriger Mann es schon wagte, an die Probleme der Metaphysik heranzutreten, wo er doch, wie kaum neben ihm ein anderer, erst nach einer sehr langen, methodisch ausgenutzten Vorbereitungszeit die nötige Reife für das grosse Unternehmen zu besitzen glaubte.

Viertes Kapitel.

Grundlegung der Metaphysik.

1. Wir haben es bei unserem Philosophen schon seit seiner Kindheit beobachtet, wie er das Bedürfnis hatte, sich zeitweilig von seiner Umgebung vollständig abzuschliessen, um nur sich und seinen Gedanken leben zu können. Schon als Knabe wurden für ihn die einsamen Stunden, die er morgens in seinem Bett zubrachte die Zeiten der fruchtbarsten Selbstbetätigung, aber auch als er die Schule verlassen und die Welt von Grund auf kennen zu lernen bemüht war, hat er die Einsamkeit nie ganz und gar missen können. Im Gegenteil, sie ist ihm geradezu unentbehrlich geworden, um die Anregungen, die ihm das Leben bot, zu verarbeiten und um seine Weltanschauung immer mehr zu vertiefen. Ich brauche nur zu erinnern an die Zeit, die er im Winterquartier an der Donau zubrachte, die doch so ausserordentlich wertvoll für seine geistige Entwicklung geworden ist. Kein Wunder also, wenn gerade jetzt, wo es für ihn galt, die Grundlagen all unseres Wissens aufzusuchen und den letzten metaphysischen Grund aller Dinge zu entdecken, das Bedürfnis nach Einsamkeit sich in seiner ganzen Stärke geltend machte. Paris weiterhin als Aufenthaltsort zu wählen, daran war natürlich nicht zu denken, aber auch das übrige Frankreich schien Descartes für seine Absichten nicht der geeignetste Platz zu sein, war er doch auch hier nirgends

sicher, von Freunden und Bekannten besucht und gestört zu werden. So beschloss er denn ins Ausland zu gehen. Die vereinigten Niederlande, in denen er seine ersten Kriegsjahre verlebt hatte, schienen ihm für seine Zwecke am geeignetsten zu sein. Das freiheitlich gesinnte Holland war damals in kräftigem Aufstreben begriffen. Durch seine erfolgreichen Kämpfe mit Spanien hatte es sich die Hochachtung von ganz Europa erworben. Im Innern herrschte ein rühriger Eifer. Alle Energie wurde darauf verwandt, die Kultur und den Reichtum des Landes zu vermehren. Nicht zum wenigsten trugen hierzu die kolonialen Erwerbungen bei. Die Gesellschaft, die zur Ausbeutung der kolonialen Produkte gegründet war, konnte ihren Aktionären durchschnittlich zwanzig Prozent Dividende zahlen, in sehr guten Jahren sogar bis zu fünfundsiebzig Prozent (Lamprecht). Amsterdam, das sich im siebzehnten Jahrhundert im Verlaufe von fünfzig Jahren um das doppelte vergrösserte, besass die grösste Bank der Welt, in deren Kellereien zur Zeit des Westfälischen Friedens dreihundert Millionen Mark in Metall lagen, eine für die damalige Zeit ganz ungeheuere Summe. Neben der materiellen Kultur hatte aber auch die geistige einen mächtigen Aufschwung genommen. In diesem Jahrhundert und grossenteils noch als Zeitgenossen unseres Philosophen lebten und wirkten die Koryphäen holländischer Kunst und Wissenschaft, Willebrod Snellius und Simon Stevin, Franz Hals und Rembrandt. Es mochte aber wohl neben allen diesen grossen Vorzügen noch etwas anderes sein, was Descartes an diesem aufblühenden Staatenwesen so sympathisch berührte, nämlich die ausserordentliche Gründlichkeit und Solidität, die so unzertrennlich mit dem holländischen Nationalcharakter verknüpft ist. In diesem Lande herrschte ganz im Gegensatz zu dem damals so unruhigen und skeptisch gesinnnten Frankreich ein nach innerer Festigkeit und

Dauerhaftigkeit strebender Geist. Hier konnte Descartes mehr als anderswo die innere Ruhe und Sicherheit finden, deren er bedurfte, um der modernen Philosophie ihre festen und ehernen Grundlagen errichten zu können.

2. In einem abgelegenen kleinen Schlosse der Stadt Franeker, das von der übrigen Stadt durch einen Graben getrennt war, finden wir unsern Philosophen im Sommer des Jahres 1629 wieder, nachdem er den vergangenen Winter auf dem Lande irgendwo in Frankreich zugebracht hatte, um sich gegen das kältere holländische Klima im voraus abzuhärten. In der tiefen Ruhe und Abgeschiedenheit, die ihn hier umgab, keimten in seinem Geiste die ersten metaphysischen Gedanken. Bisher war all sein Forschen trotz aller Zweifel und Selbstkritik im letzen Grunde genommen doch dogmatisch geblieben. Wohl hatte er zwischen sich und den scholastischen Gelehrten innerlich schon längst alle Bande gelöst, hatte sich den neuen wirkliches Leben in sich enthaltenden naturwissenschaftlichen Ideenbildungen voll und ganz hingegeben, selbst mit genialem Blick um ihre Weiterentwicklung bemüht, innere Sicherheit zu diesen seinen Unternehmungen schöpfend aus seiner neuen Wissenschaftslehre. Allein was für eine Fülle von ungeprüften Voraussetzungen waren in dieser wissenschaftlichen Position noch enthalten. Mit naivem Sinne wird die Natur in ihrer Totalität untersucht, ohne dass sich der Forscher sein eigenes Verhältnis zu ihr klar gemacht hat. Farbe, Ton und Licht werden ohne weiteres als sekundäre Eigenschaften der Dinge betrachtet und von dem Physiker eliminiert zu Gunsten der leichter vergleichbaren und mathematisch fassbaren Eigenschaften der Gestalt, Grösse und Lage, aus keinen anderen Gründen als den ebengenannten und bloss empirisch aufgerafften der leichteren und bequemeren wissenschaftlichen Handhabung. Aber selbst wenn wir

von allen diesen Fragen absehen, auch das oberste Kriterium aller Forschung, war dogmatisch und anfechtbar. „Wahr ist alles das, was klar und deutlich ist". Darf der echte Wahrheitsforscher wirklich diesen Satz als selbstverständlich und unmittelbar einleuchtend hinnehmen. Woher wissen wir denn, ob unser Verstand wirklich das Recht hat, über die Dinge ein entscheidendes Urteil zu fällen. Mag eine Sache uns noch so sehr einleuchtend erscheinen, ist dadurch allein schon ihre objektive Realität verbürgt. Keineswegs. Unser Verstand ist vielleicht zu schwach, um die Dinge richtig zu beurteilen, und wenn wir davon absehen, vielleicht hat gar ein böser Dämon uns erschaffen und unsern Geist so eingerichtet, dass er stets in seinen Urteilen irren muss. Du glaubst es nicht, du berufst dich auf den allgütigen Gott, der die Welt ins Leben gerufen hat. Aber was weisst du denn Sicheres von Gott, wie kannst du es wagen, über seine Eigenschaften oder seine Existenz auch nur das Geringste auszusagen. Die Lage, in der sich Descartes befindet, scheint verzweifelt zu sein. Wenn der ganze Boden unter den Füssen schwankt, wie ist es da noch möglich, einen sicheren Stützpunkt zu finden. Nichtig und wertlos scheint all das Wissen zu sein, das sich unser Philosoph durch seinen rastlosen Forschungseifer angeeignet hat. Beruht es doch auf unbewiesenen Voraussetzungen, ist doch die Methode, die ihm zu Grunde liegt, dem tiefsten Zweifel ausgesetzt. Indes verlieren wir den Mut noch nicht. Zuviel steht ja auf dem Spiel, als dass es nicht leichtsinnig wäre, die Waffen ohne weiteres von sich zu werfen. Unsere wissenschaftliche Methode hat sich doch als so fruchtbar im Gebiete der Wissenschaften erwiesen, und wenn wir uns die früheren Ereignisse ins Gedächtnis rufen, unmittelbar bevor Descartes seine Methode ersann, befand er sich ja auch in einer sehr schwierigen Situation, mag sie auch nicht mit der jetzigen zu vergleichen sein. Vielleicht bedarf es nur einer Vertiefung, einer Verinnerlichung der alten Methode, um sie der jetzigen Lage anzupassen. Erinnern wir uns, wie ratlos wir den Problemen der Mathematik gegenübergestanden hatten. Wie wir aber ihrer Herr wurden, wie wir die verschiedenen räumlichen Qualitäten miteinander in Beziehung bringen konnten, nachdem wir sie unter dem Gesichtspunkte von einfachen algebraischen Grössen betrachtet hatten. Ähnlich erging es uns in der Physik. Auch hier brachten wir einen wissenschaftlichen Zusammenhang in die Fülle der sinnlichen Eigenschaften hinein, indem wir sie unter ganz einfache Gesichtspunkte brachten, indem wir uns nur um die Änderung der Form, Lage und Gestalt der Körper kümmerten, in der festen Überzeugung, dass durch sie auch die ganze Mannigfaltigkeit der sinnlichen Eigenschaften hinreichend bestimmt sei. Bei allen diesen Fragen handelte es sich freilich nur um die Wissenschaften, ein relativ sehr beschränktes Gebiet verglichen mit dem des Philosophen, der es mit der ganzen Welt zu tun hat. Allein auch der Philosoph vermag die Dinge in einen festen Zusammenhang miteinander zu bringen. Mag alles um uns herum dem Zweifel ausgesetzt sein, mag die Aussenwelt, ja sogar mein eigener Körper ein Wahngebilde sein, das kann doch nicht bestritten werden, dass ich selbst, der ich über alle diese Dinge reflektiere, existiere, existiere als ein bewusstes Wesen begabt mit dem Vermögen zu wollen, zu empfinden und zu denken. Von dieser unmittelbar einleuchtenden Tatsache müssen wir ausgehen, kümmern wir uns vorläufig garnicht um die Existenz der Dinge da draussen, sondern halten wir uns an das einzig unmittelbare Gewisse, an das Bewusstsein und seinen inneren Reichtum an Vorstellungen. Ob da draussen etwas Farbiges und Ausgedehntes existiert, das weiss ich nicht, aber dass ich in meinem Bewusstsein die

Vorstellung von farbigen und ausgedehnten Objekten habe, wer wagt das ernstlich zu bestreiten? Wie wir in der Physik von den qualitativen Eigenschaften der Dinge abgesehen haben und nur die quantitativen mathematisch bestimmbaren in Betracht gezogen haben, so kümmern wir uns bei unserem jetzigen Unternehmen nicht um die Existenz der Dinge und betrachten sie nur als Vorstellungen unseres Bewusstseins. Über unsere Vorstellungswelt sind wir Herr, wer will es wagen, uns diesen Besitz zu entreissen. Besichtigen wir nun unser kleines Königreich, wir werden sehen, es birgt in sich Kräfte genug, um die ganze übrige uns verloren gegangene Welt wieder zu erobern. Neben unmittelbar evidenten, aber rein formalen logischen Sätzen, die wir in unserer Bewusstseinswelt antreffen, enthält sie in sich die Vorstellung von einem allervollkommensten Wesen. Diese Vorstellung birgt aber eine solche unermessliche Grösse in sich, dass ihre tatsächliche Existenz in meinem endlichen Bewusstsein nur zu erklären ist durch die Annahme, dass ein allervollkommenstes Wesen d. h. Gott wirklich existiert, denn nur er allein ist im stande, diese alles Endliche übersteigende Idee meinem Bewusstsein einzudrücken. Jetzt ist die schwerste Arbeit bereits vollbracht. Sind wir einmal der Existenz Gottes sicher, so folgt daraus auch unmittelbar die Realität der Aussenwelt. Denn wären unsere Sinnesempfindungen weiter nichts als blosse Vorstellungen, entspräche ihnen kein reales äusseres Objekt, so wäre ja Gott ein Betrüger, wäre also nicht mehr das allervollkommenste Wesen, als das wir ihn doch mit Sicherheit erkannt haben. Freilich nicht alles, was wir in der Aussenwelt wahrnehmen, besitzt objektive Realität. Wirklich vorhanden sind nur die räumlichen Eigenschaften der Dinge, Ausdehnung, Gestalt und Bewegung, alles andere wie Farbe, Ton u. s. w. ist subjektiv, existiert nur als Vorstellung in unserem Bewusstsein.

Denn nur klare und deutliche Vorstellungen, wie es die mathematischen sind, dürfen als wirklich existierend angesehen werden.

3. Wir haben im vorhergehenden versucht, in aller Kürze die ersten metaphysischen Gedankengänge unseres Philosophen, wie er sie damals in seiner holländischen Einsiedelei entworfen hatte, zu skizzieren. Sie waren freilich im einzelnen noch recht unvollkommen, allein ungeheuer viel war schon durch diesen ersten Entwurf gewonnen. Die vorher in Frage gestellte Sicherheit der wissenschaftlichen Erkenntnis ist wieder hergestellt worden. Nicht das geringste Ergebnis seiner bisherigen Forschungsmethode braucht Descartes aufzugeben. In vollkommenster Harmonie kann die alte Wissenschaftslehre neben der Metaphysik bestehen bleiben. Freilich einen abgeschlossenen Eindruck macht dieser erste Entwurf unseres Philosophen keineswegs. Es bedurfte noch ein Jahrzehnt ernster Denkarbeit, um alle seine Mängel zu beseitigen. Die einzelnen Beweise sind unvollkommen, eine Fülle von Problemen wird einfach ignoriert, so z. B. wird das Verhältnis der menschlichen Willensfreiheit zur Allwissenheit Gottes, wie überhaupt alle ethischen Fragen, ganz unerörtert gelassen. Allerdings hat Descartes auch späterhin die Ethik nur nebenbei behandelt, waren es doch hauptsächlich intellektuelle Kämpfe, die er in seinem Innern durchzumachen hatte, wie die Natur- und Geisteswelt innerlich beschaffen sei, diese Fragen beschäftigten ihn fast ausschliesslich. In den Anschauungen über das sittliche Handeln dagegen hat er nie tiefer gehende Konflikte zu bestehen gehabt, in diesem Punkte ist er stets der idealistischen Grundrichtung seines Charakters treu geblieben.

Aber wie gesagt auch die eigentlich metaphysischen Fragen sind in diesem ersten Entwurf recht stiefmütterlich behandelt worden. Eines der wichtigsten

Probleme war es doch, die Naturphilosophie auf feste Grundlagen zu stellen. Allein gerade in diesem Punkte fühlt sich unser Denker noch sehr unsicher. Wohl schweben ihm schon gewisse allgemeine Grundzüge vor. Das Wesen des Körpers wird in die Ausdehnung gesetzt, alle subjektiven Qualitäten beseitigt. Aber von einer strengen Beweisführung ist vorläufig noch nicht die Rede. Natürlich ist dies kein Wunder, ist doch gerade in dieser Hinsicht die erste in Holland zugebrachte Zeit eine Übergangsperiode. Der Philosoph, der vorher ohne bestimmte naturwissenschaftliche Anschauungen ausgekommen ist, fühlt erst jetzt das Bedürfnis, sein reiches wissenschaftliches Material durch positive metaphysische Prinzipien in vollkommene innere Übereinstimmung zu bringen.

Das Charakteristische in den philosophischen Gedankengängen Descartes' ist die idealistische Tendenz, die in ihnen mit solch elementarer Kraft sich geltend macht. Das Bewusstsein ist das allerursprünglichste, der naturgemässe Anfang aller Philosophie. Nichts erkennt der Mensch gewisser als seinen Geist, die Natur mit ihrer so bestechenden sinnlichen Unmittelbarkeit, sie kommt erst in zweiter Linie. Im Grunde genommen harmonieren diese Gedanken vollkommen mit der naturwissenschaftlichen Forschungsweise unseres Philosophen. Vom Geiste aus hat er von jeher die Natur begreifen wollen, sie war ihm gewissermassen nur blosser Stoff, Leben kam in sie erst hinein durch die mathematische Methode, deren Regeln sie sich fügen musste, durch die Gesetze, die ihr der Verstand gleichsam mit souveräner Machtvollkommenheit vorschrieb. Wir haben schon früher darauf hingewiesen, wie diese naturwissenschaftliche Gedankenrichtung gerade damals so sehr die besten Köpfe der Zeit erfüllte, wie jeder Fortschritt bei dem Zustande der damaligen Forschung gerade durch diese Methode allein zu erreichen war.

88 Viertes Kapitel: Grundlegung der Metaphysik.

4. Im Winter des Jahres 1629 finden wir unseren Philosophen in Amsterdam wieder. Seitdem er das stille Franeker verlassen hat, treten die metaphysischen Spekulationen mehr in den Hintergrund, mit ganzem Eifer wendet er sich wiederum den naturwissenschaftlichen Problemen zu. Die Grossstadt stört ihn nicht, er ist ja hier nicht wie in Paris von Bekannten umgeben, sondern kann mitten in dem Menschengewühl „einsam und zurückgezogen wie in den entlegensten Wüsten wohnen" (C. I, 156). Wie gut es ihm in Amsterdam gefiel, können wir daraus ersehen, dass er bis zum Jahre 1634 hier wohnen blieb, einige grössere Unterbrechungen ausgenommen.

Schon in Franeker hatten übrigens die metaphysischen Betrachtungen nicht seine ganze Zeit ausgefüllt, mit regem Interesse hatte er daneben namentlich seine optischen Studien fortgesetzt. Ja sein Eifer für diese physikalische Disziplin war damals so gross, dass er sich den Glasschleifer Ferrier, seinen alten Bekannten aus der Pariser Zeit her, gern hätte kommen lassen. Er hatte ihm die lockendsten Anerbieten gemacht, die übrigens charakteristisch für unsern Philosophen sind, da sie zeigen, wie sehr er in vielen Punkten sich über die Vorurteile seines Standes hinwegzusetzen geneigt war. Er, der adelige und hochgebildete Mann, wollte mit dem einfachen Handwerker zusammenwohnen, einen eigenen französischen Koch ihm zuliebe anwerben. Es half freilich nichts. Der Glasschleifer Ferrier, der sich gerne von zweifelhaften Illusionen bestimmen liess, glaubte damals es in Paris weiter bringen zu können, worin er sich freilich arg getäuscht hat.

In Amsterdam kamen nun neben der Optik eine ganze andere Reihe von Forschungen hinzu. Bei der innigen Fühlung, die Descartes dank der regen Vermittelung seines Freundes Mersenne mit der wissenschaftlichen Welt behielt, waren es oft damals gerade

aktuelle wissenschaftliche Zeitfragen, deren Untersuchung
ihn lebhaft in Anspruch nahmen. Da ist zu nennen
das damals entdeckte Phänomen der Parhelien (Nebensonnen), über dessen Erforschung er nicht genug Auskunft bekommen kann. Von dem einen Problem kommt
er immer tiefer in das Gebiet der Meteorologie hinein,
er gedenkt diese Wissenschaft systematisch zu behandeln,
wie er es mit der Optik und der analytischen Geometrie
schon früher beabsichtigt hatte. Weiter interessieren
ihn lebhaft die Beobachtungen, die man über die Sonnenflecken gemacht hat, diese Erscheinung benutzt er später
geschickt in seiner Weltbildungstheorie, um die Entstehung der Planeten zu erklären. Auch die akustischen und musikalisch-ästhetischen Untersuchungen
werden weiter fortgesetzt und ergänzt, mochte er auch
keine weitere Abhandlung hierüber schreiben, seine
Briefe sind ein beredtes Zeugnis dafür, wie er diese
Probleme nie ganz fallen gelassen hat.[1]) Seine kleine
Schrift über die Musik brachte übrigens damals seinen
alten Bekannten, den Rektor Beeckmann, in die Versuchung, ein Plagiat zu begehen. Unter der Hand erfuhr es Descartes zufällig durch Mersenne, dem gegenüber sich Beeckmann in prahlerischer Weise als den
geistigen Urheber jener Abhandlung aufspielte. Descartes, von jeder kleinlichen Sorge um sein geistiges
Eigentum frei, — wir wissen es, wie oft er bedeutende
Entdeckungen seinen Freunden mitteilte, bevor er noch
ernstlich an ihre Veröffentlichung durch den Druck
dachte — ärgerte sich darüber nicht im geringsten, im
Gegenteil er nahm die Sache mit grossem Humor auf.
Es ist köstlich zu lesen, wie er Beeckmann zur Rede
stellt, indem er in den Briefen an ihn die schwerfällige
Schreibart jenes alten Renommisten gleichsam parodiert.

---

[1]) Im Jahre 1639 regt er den Holländer Bannius zu musikalischen
Untersuchungen an (A. II, 586).

„Ich hebe mir seine Briefe auf", schreibt er scherzhaft an Mersenne, „denn sollte ich jemals etwas über Moral schreiben und erklären, was für einen lächerlichen Anblick die Einbildung eines törichten Pedanten gewährt so könnte ich es durch nichts besser veranschaulichen als durch diese vier Briefe" (A. I, 172).

Neben den Problemen der Physik, von denen wir soeben einige Beispiele aufgezählt haben, beschäftigte sich unser Philosoph auch intensiv mit den organischen Naturwissenschaften. „Ich treibe jetzt Chemie und Anatomie und finde jeden Tag etwas, was nicht in den Büchern steht" heisst es in einem Briefe an Mersenne aus dem Jahre 1630 (A. I, 136).

Wir dürfen es behaupten, Descartes hat sich selten so wohl gefühlt, wie in diesen ersten Jahren seines holländischen Aufenthaltes. Die volle Musse, die er hier besass, das rege Leben der Grossstadt, das ihn umgab, und nicht zum wenigsten seine so glücklich von statten gehenden wissenschaftlichen Forschungen, alles dies erfüllte ihn mit einem innigen Behagen, mit einer ausserordentlichen Zufriedenheit und inneren Heiterkeit. „Ich schlafe hier alle Nächte zehn Stunden, ohne dass die Sorge mich weckt. Im Traume lustwandle ich in verzauberten Wäldern, Gärten und Palästen, wo ich alle die Freuden geniesse, die in den Märchen geschildert werden. — Und wache ich dann auf, dann wird meine Zufriedenheit noch gesteigert, meine Sinne nehmen an der Freude teil, denn ich bin nicht so streng ihnen etwas zu verweigern, was der Philosoph ihnen gewähren kann, ohne sein Gewissen zu beunruhigen. — In dieser grossen Stadt, in der alles dem Verdienste nachjagt, gehe ich alle Tage spazieren inmitten der grossen Volksmenge, die Menschen erscheinen mir wie Bäume, der Lärm wie das Rauschen von Wasserquellen, die Freude an der Arbeit wie die der Landleute, dient sie doch dazu, den Ort zu verschönern und allerlei Bequemlichkeiten herbeizuschaffen. Die Schiffe bringen die Erzeugnisse beider Indien und die Seltenheiten Europas" (A. I, 189—90, 203—4) . . . .

5. Wir haben oben eine Reihe von naturwissenschaftlichen Fragen erwähnt, mit denen sich Descartes in Amsterdam beschäftigte, eines der wichtigsten Probleme, das die übrigen an Bedeutung weit übertrifft, müssen wir jedoch noch etwas genauer in Augenschein nehmen. Es betrifft das grosse Rätsel der Weltentstehung, mit dem sich schon der Menschengeist seit seiner frühesten Jugendzeit zu beschäftigen begann.[1]) Zuerst begegnen uns in der griechischen Vorzeit die mythischen Kosmogonien. Damals war man noch weit entfernt davon, die Natur als einen Inbegriff von blinden bewusstlosen Kräften aufzufassen. Die lebhafte, weder durch Philosophie noch durch Wissenschaft eingeschränkte Phantasie sah Leben und Empfinden in der Natur, sah die Welt erfüllt von unsterblichen Göttergestalten. Als ausserordentlich gross ist diesen Anschauungen gegenüber der Fortschritt zu verzeichnen, der Jahrhunderte später durch das Weltbild Demokrits erzielt wurde. Hier tritt uns schon entgegen der Geist einer wahrhaft naturwissenschaftlichen Betrachtungsweise. Alle mystischen Kräfte sind verbannt. Die Welt erscheint als ein Ineinandergreifen von einer Fülle rein mechanischer Faktoren. Lukrez hat diese Weltauffassung in ein dichterisches Gewand gehüllt und in dieser Form hat sie mächtig eingewirkt auf die wissenschaftliche Denkungsweise der Neuzeit. Wir wissen es, wie gegenwärtig das Lehrgedicht dieses Epikureers unserem Philosophen gewesen ist. Aus seinen Briefen

---

[1]) Siehe Näheres in meiner Arbeit: Die Lehre von der Bildung des Universums bei Descartes in ihrer geschichtlichen Bedeutung. Archiv für Geschichte der Philosophie B. XVII, S. 237—271 u. 371—412.

und vor allen Dingen auch aus der Anlage seines kosmogonischen Systems geht dies mit unzweideutiger Sicherheit hervor. Überhaupt zeigt sich in der damaligen Weltbildungstheorie Descartes' neben eigenen selbstständigen idealistisch-erkenntnistheoretischen Gesichtspunkten, wieviel er von der alten atomistischen Schule mitübernommen hat. Er nimmt keinen Anstand, die Welt mit allen ihren Vollkommenheiten sich aus einem wüsten Chaos entwickeln zu lassen, einen Gedanken, den er in der späteren Zeit (in den Prinzipien) wieder fallen lässt, offenbar aus keinem anderen Grunde, als weil er befürchtet mit den materialistischen Denkern des Altertums identifiziert zu werden. Andererseits wird bei Descartes in krassem Gegensatz zu Demokrit und Lukrez die Weltbildung nur ermöglicht durch feste, unwandelbare Gesetze, die Gott der Natur vorgeschrieben hat, und durch deren stetige und regelmässige Wirksamkeit die Entstehung eines geordneten Kosmos gleichsam von vornherein garantiert ist. Es liegt ein ausserordentlicher Scharfsinn in dieser kosmogonischen Theorie Descartes', wie es ihm tatsächlich gelingt, aus einem einzigen chaotischen, den ganzen Raum erfüllenden Urstoff die Welt bis in ihre intimsten physikalischen Einzelheiten hervorgehen zu lassen. Freilich, bei den lebenden Wesen muss er Halt machen, so sehr er auch davon überzeugt ist, dass auch ihre Bildung mit Notwendigkeit sich aus den einfachen physikalischen Gesetzen müsse ableiten lassen. Diese Überzeugung war die folgerichtige Konsequenz seiner klaren, keine mystischen Kräfte zulassenden Naturauffassung. Ging er doch sogar so weit, den Tieren die Seele abzusprechen, sie als blosse fühllose Maschinen aufzufassen, so sehr hatte er sich in seine mechanische Betrachtungsweise hineingelebt. Bestärkt wurde er in dieser Ansicht durch die Einsicht, welch grosse Bedeutung die Reflexbewegungen für den lebenden Organismus haben, ferner auch durch die Entdeckung Harveys von dem Blutkreislauf, deren Bedeutung er mit selbständigem Blick als einer der ersten in Holland und Frankreich gewürdigt hat.

Mit grossem Eifer hatte Descartes die Abfassung seiner Weltbildungstheorie — sie sollte den Namen le Monde führen — begonnen, dabei schon im Geiste ihre Wirkungen auf das Publikum sich vorstellend. „Sie soll die Probe meiner Philosophie sein, ich will dahinter stehen, wie hinter einem Gemälde, um zu hören, was man sagt" (A. I, 23). Allein schon ein Jahr darauf kommen ihm einige Bedenken. Es sei eine schwierige Sache, die ganze Physik sei darin einbegriffen. Tausenderlei gäbe es dabei zu überlegen. Ausserdem müsste er einen Ausweg finden, um die Wahrheit sagen zu können, ohne zu frappieren und gegen die Schulmeinungen zu verstossen (A. I, 194). Aber nicht nur die Schulgelehrten, auch die Theologen hatte Descartes zu fürchten. Würden sie es ruhig mitansehen, wenn er im Gegensatz zur biblischen Schöpfungsgeschichte die Welt auf natürliche Weise sich entwickeln liesse. Um möglichst wenig Anstoss zu erregen, beschloss Descartes seine Anschauungen in Form einer Hypothese vorzutragen. Allein selbst diese Vorsichtsmassregel schien ihm nicht recht zu genügen. Er möchte sein Werk am liebsten der Öffentlichkeit vorenthalten, zumal da ja auch seine physikalischen Gesamtanschauungen noch nicht veröffentlicht waren, und er es auf alle Fälle vermeiden wollte, dem Publikum gegenüber als ein leichtsinniger Dilettant zu erscheinen, der auf Grund einiger luftigen Hypothesen sich ein physikalisches Weltbild konstruiert. Descartes war noch mit diesen Erwägungen beschäftigt, als er im November des Jahres 1633 von der einige Monate vorher erfolgten Verurteilung Galileis hörte, dem bekanntlich der Prozess gemacht wurde, weil er dem Verbote der Kirche entgegen die Lehre von der Erdbewegung publiziert hatte. Einerseits erschreckt durch das strenge Vorgehen der Kirche, andererseits erfreut darüber, dass er nun hinreichend entschuldigt sei, beschloss er endgültig sein Werk unveröffentlicht zu lassen. Hätte er auch in Holland für seine Person nichts zu fürchten gehabt, so wäre ihm doch selbst der geringste Konflikt mit der Kirche ausserordentlich peinlich gewesen. Denn es gilt zu bedenken, unser Philosoph war eine durchaus konservative Natur, für den die Religion selbst in ihrer äusseren Erscheinungsform immer etwas Ehrfurchtgebietendes behielt, mochte er auch bei seiner philosophischen Weltauffassung sich keineswegs zu den fanatischen Buchstabengläubigen hingezogen fühlen.[1])

6. Wir haben soeben gesehen, wie die Nachricht von dem unglücklichen Schicksal Galileis von Descartes aufgenommen wurde. Es dürfte interessieren, wie unser Philosoph über die Leistungen seines grossen Zeitgenossen urteilte, keineswegs in besonders günstigem Sinne. Zwar ist ihm seine physikalische Forschungsmethode nicht unsympathisch. „Ich finde im allgemeinen, dass er besser philosophiert als man es gewöhnlich tut, indem er soviel wie möglich die Fehler der Schule meidet und versucht, die physikalischen Probleme nach mathematischen Gesichtspunkten zu behandeln. Hierin stimme ich ganz mit ihm überein und glaube, dass es kein anderes Mittel gibt, um die Wahrheit zu finden. — Indes er hat nicht die ersten Ursachen der Natur be-

---

[1]) Bruchstücke von dem Werke Descartes' sind uns bekanntlich in den nachgelassenen Schriften: Le Monde und L'homme erhalten. In Le Monde spricht Descartes ganz unbefangen von der Bewegung der Erde, die er in seinen Prinzipien zu verschleiern sucht. In beiden Schriften wird schon die Dioptrik zitiert, die damals grossenteils fertig war. Das erstere zeichnet sich namentlich durch seinen lebendigen und anschaulichen Stil aus im Gegensatz zu den späteren „Prinzipien".

trachtet, sondern nur die Gründe von einigen speziellen Naturwirkungen gesucht, so kommt es, dass er ohne wirkliches Fundament gebaut hat" (A. II, 380). Es darf uns nicht befremden, ein solches Urteil von Descartes zu hören, wir haben auch kein Recht zu behaupten, dass eine gewisse Eifersucht hier mit im Spiele gewesen ist. Descartes musste so denken. Bei seiner eminent philosophischen Natur, die das gesamte Universum als eine innere Einheit zu betrachten strebte, konnte er Einzelleistungen, mochten sie noch so genial sein, mochten sie auch getragen und hervorgebracht sein von einer allgemeinen wissenschaftlichen Methode, nicht als etwas Hervorragendes ansehen, wenn sie nicht konsequent abgeleitet waren aus letzten metaphysischen Prinzipien. Und das war freilich bei Galilei nicht der Fall. Diesem genialen Forscher kam es nur auf die Analyse der Naturkräfte an, um ihre Herkunft kümmerte er sich nicht. Ihm genügte vollauf die mathematische Methode, nach der er die Erscheinungen behandelte. Freilich war Descartes in seinem früheren philosophischen Stadium nicht viel anders vorgegangen. Allein gerade weil er jetzt diesen Standpunkt überwunden hatte, der seiner ganzen metaphysischen Naturanlage nach nur ein Durchgangspunkt für ihn gewesen war, begegnete er dem in seinen Augen rückständigen Galilei mit um so herberer Kritik.

7. Wir haben oben geschildert, wie wohl sich Descartes in den ersten Jahren seines Aufenthaltes in Holland fühlte. In diese Zeit ist auch ein Liebesverhältnis zu setzen, das unser Philosoph in Amsterdam mit einem Mädchen Namens Helene anknüpfte. Unsere bisherige Darstellung hat es wohl deutlich erkennen lassen, dass Descartes keineswegs jetzt in Holland ein verschlossener Einsiedler zu werden versprach. Selbst in der stillen Zurückgezogenheit Franekers, wo er ganz und gar mit

Viertes Kapitel: Grundlegung der Metaphysik.

metaphysischen Betrachtungen beschäftigt war, hatte er noch Zeit und Sinn für Spiel und Unterhaltung gehabt (A. I, 19). Was für einen angenehmen Eindruck Amsterdam auf ihn machte, haben wir aus seiner persönlichen Schilderung ersehen. So wird es uns nicht wundern, wenn das rings um ihn herum lebhaft und mächtig pulsierende Leben ihn daran erinnerte, dass er auch noch nicht für die Reize und Schönheiten der Welt unempfänglich geworden war. Wir wissen es, was für einen sympathischen Eindruck der holländische Menschenschlag auf ihn machte. Hier gibt es keinen Verrat, hier findet man noch die Unschuld, wie sie den Vorfahren eigen gewesen ist, schreibt er voll Entzücken seinem Freunde Balzac (A. I, 204). Das Mädchen, mit dem Descartes ein Verhältnis anknüpfte, scheint von einfacher Herkunft gewesen zu sein. Ob das der Grund gewesen ist, warum unser Philosoph mit ihr keine legitime Ehe geschlossen hat, um so bei seinen vornehmen Verwandten kein Ärgernis zu erregen, ob er es vielleicht doch getan hätte, wenn das Kind, das aus dieser Verbindung stammt, ein Töchterchen Namens Francine, nicht schon in seinem fünften Lebensjahre gestorben wäre, ob Helene vielleicht zu dieser Zeit auch schon gestorben war, darüber wissen wir nichts. Jedenfalls dürfen wir bei dem feinfühlenden Charakter Descartes' sicher annehmen, dass er das Mädchen nicht schmählich im Stich gelassen hat. Wissen wir es doch, wie zärtlich er sein Töchterchen geliebt hat, wie er seine Erziehung einer seiner Verwandten hat anvertrauen wollen, und wie dann ihr Tod ihm den schwersten Kummer bereitet hat. Im übrigen hat sich unser Philosoph nie als ein Muster von Sittenreinheit hinstellen wollen. Als ihm einige Jahre später der gehässige Vorwurf gemacht wurde, dass er illegitime Söhne hätte, äusserte er sich darüber: „Wenn ich Söhne hätte, ich würde es nicht leugnen, es ist noch nicht so lange her, dass ich jung war. Im übrigen bin ich auch nur ein Mensch, ich habe keineswegs das Gelübde der Keuschheit auf mich genommen und niemals behauptet, für weiser gelten zu wollen als es die andern sind" (C. XI, 19).

8. Das Verhältnis mit Helene ist in das Jahr 1634 zu setzen, also gerade in die Zeit, wo sich Descartes endgültig entschloss, seine Schrift über die Weltbildung nicht zu veröffentlichen. Um so mehr schien er jetzt Wert darauf zu legen, seine übrigen mehr oder weniger weit gediehenen wissenschaftlichen Abhandlungen weiter zu fördern und zu einem baldigen Abschluss zu bringen. Trotz seiner intensiven Tätigkeit fühlte der Philosoph doch das Bedürfnis, öfters seinen Aufenthaltsort zu wechseln, er tat es schon deswegen, um vor seinen Pariser Bekannten möglichst verborgen zu bleiben. Aber das war wohl nicht der einzige Grund. Etwas von der alten Wanderlust seiner Jugendjahre war noch immer in ihm geblieben. So wissen wir, dass er seinen Aufenthalt in Amsterdam öfters unterbrochen hat. Längere Zeit hatte er in Deventer zugebracht, aber auch eine Reise nach Dänemark hat er in diesen Jahren unternommen (im Sommer 1631) in der Begleitung von Villebressieu, seines ersten Schülers, den er in die Grundfragen seiner Physik einführte. Seit dem Jahre 1634 hat er seinen Wohnsitz noch häufiger als bisher gewechselt. Im Jahre 1635 finden wir ihn in Utrecht, im Jahre 1637 in Leyden. Seine Absicht, den Aufenthaltsort geheim zu halten, hat er übrigens so gut zu erreichen gewusst — auf seinen Briefen fehlt sehr häufig die Ortsbezeichnung —, dass es sich garnicht immer genau fesstellen lässt, wo wir ihn zu finden haben. Übrigens hat es auch für unsere Zwecke keine besondere Wichtigkeit, im einzelnen über den so häufigen Wohnungswechsel orientiert zu sein.

Es war im Jahre 1636, als sich unser Philosoph endlich entschloss, der Öffentlichkeit einen Einblick in die Werkstatt seiner wissenschaftlichen Tätigkeit zu gewähren. Die eigentliche Herausgabe der zu veröffentlichenden Schriften zog sich freilich noch hin bis zum Jahre 1637. Wir erinnern uns noch, wie Descartes vor neun Jahren in Paris seinen Freunden zu verstehen gegeben hatte, dass er im Besitze einer philosophischen Methode sei, von der er sich grosse Erfolge für die Lösung von allen möglichen wissenschaftlichen Problemen verspreche. Hatte er auch lange gezögert mit der Veröffentlichung seiner Gedanken, so sollte es sich jetzt zeigen, in wie glänzender Weise er die Aufgabe, die er sich damals vorgenommen hatte, zu lösen verstanden hat. Drei Wissenschaften hat er sich auserwählt, um die Fruchtbarkeit seiner philosophischen Methode zu zeigen, die reine Mathematik, die ihr am nächsten stehende Disziplin, die Optik, und endlich die Meteorologie, eine Wissenschaft, die am schwersten einer exakten Behandlung zugänglich erschien. Allen diesen Schriften voran war eine philosophische Abhandlung vorausgeschickt, die gleichsam als Einleitung zu den übrigen Schriften diente. Wenn Descartes in dieser Weise mit einem Male das Publikum mit den Proben seines Geistes gleichsam überschüttete, blenden wollte er es keineswegs. Wir können es zuversichtlich behaupten, kein einziger Philosoph hat in so radikaler Weise den Nimbus, der sich um seine Person und seine Werke auszubreiten pflegt, von vornherein zerstört wie Descartes. Und wodurch hat er dies zu stande gebracht? Dadurch, dass er in der offenherzigsten Weise dem Leser einen Einblick in seine intellektuelle Entwicklung gibt von seiner Schülerzeit an bis zu dem jetzigen Zeitpunkt. „Ich habe nie den Dünkel gehabt, mein Geist sei in irgend einer Beziehung vollkommener, als der eines gewöhnlichen Menschen. Im Gegenteil, oft habe ich mir die Fähigkeit schnell zu denken, das klare und bestimmte Vorstellungsvermögen und das um-

fassende und so getreue Gedächtnis mancher anderer
gewünscht" (C. I, 122). Ich war ein Kind meiner Zeit
genau so gut wie ihr. Auch mich hatte der überall in
Frankreich herrschende Skeptizismus ergriffen, wie jeden
anderen unter den Gebildeten. Aber ich war andererseits
von dem sehnlichsten Wunsch beseelt, über diese
Weltauffassung hinauszukommen. Und dies gelang mir
nicht durch meine besondere Genialität, sondern durch
unermüdliche, harte und konsequente Gedankenarbeit.
Es liegt ein Zug unendlicher Grösse in diesen einfachen
und anspruchlosen intellektuellen Konfessionen, wie sie in
dem Discours de la Méthode (Abhandlung über die
Methode) niedergelegt sind. Mag auch das grosse Publikum
einem solchen Werke nicht die Achtung entgegenbringen,
die es verdient, weil jede Effekthascherei darin
vermieden ist, für den wahrhaft Gebildeten besitzt es
einen um so schätzbareren Wert. Descartes' metaphysische
Anschauungen sind in dieser Schrift etwas sehr
knapp und, sagen wir es ruhig heraus, im einzelnen sogar
ziemlich unzureichend dargestellt. Der Philosoph hat
das allerdings teilweise selbst gefühlt und es damit
entschuldigt, dass er sich mit dieser französisch geschriebenen
Abhandlung an ein grösseres Publikum
wende. „Was ihr zweiter Einwurf betrifft", heisst es
in einem Briefe an Mersenne (A. I, 349), „nämlich, dass
ich nicht ausführlich genug auseinandergesetzt habe,
woher ich weiss, dass die Seele eine vom Körper wesensverschiedene
Substanz ist, deren Natur lediglich im
Denken (Bewusstsein) besteht, ... so gestehe ich zu,
dass Sie hierin recht haben, und dass auch infolge
dessen mein Beweis hinsichtlich der Existenz Gottes
sehr schwer zu verstehen ist". Aber dies hätte nach
seiner Ansicht nur durch schwierige und für ein allgemeines
Publikum nicht geeignete Auseinandersetzungen
geschehen können. Im übrigen glaubt er, der aufmerksame
Leser werde erkennen, dass auch hier alles be-

wiesen ist und zwar genauer, als es in den Sätzen der Geometer zu geschehen pflegt. In letzterem Punkte hat nun aber Descartes zweifellos unrecht. Es ist tatsächlich noch sehr viel Unvollkommenes und mangelhaft Bewiesenes in dieser Abhandlung. Unser Philosoph ist darin, wie es ja aus der Schrift hervorgeht, noch nicht über seinen ersten in Holland entworfenen metaphysischen Entwurf hinausgekommen, dessen Lücken wir oben angedeutet haben. Erst in den nächsten Jahren und nicht zum wenigsten angeregt durch die Einwürfe, die man gegen sein System machte, hat er es vermocht, ein mit grösserer Klarheit und Exaktheit entworfenes Bild seiner metaphysischen Gedanken zu geben.

9. Wenden wir uns nun zu den drei folgenden Abhandlungen unseres Philosophen. In der Dioptrik und in den Meteoren erscheint uns natürlich heute vieles veraltet. Für die damalige Zeit aber waren es Aufsehen erregende Werke. In wie sinnreicher Weise in der Dioptrik das Brechungsgesetz abgeleitet ist, darauf ist schon früher hingewiesen worden. „Das Brechungsgesetz habe ich bewiesen auf geometrische Weise und apriori" (A. II. 31), so äussert sich unser Philosoph darüber, der die Grösse seiner Leistung wohl zu schätzen wusste. Neben der physikalischen ist auch die physiologische Optik in eingehender Weise behandelt, in die sich Descartes durch zahlreiche selbständig unternommene Sektionen einen gründlichen Einblick zu verschaffen gewusst hat. Die letzten drei Kapitel behandeln die Theorie und technische Herstellungsweise der optischen Gläser. Die Erfindung der Fernröhre machte ja gerade dieses Gebiet zu einem der lockendsten und reizvollsten für die damaligen bedeutenden Naturforscher, ich nenne nur einen Kepler, einen Galilei. Worin aber unser Philosoph die meisten seiner wissenschaftlichen Zeitgenossen übertraf, das war die Beherrschung der

Technik, die ihm in so hohem Masse eigen war. Darin besteht ja überhaupt die ausserordentliche Grösse Descartes', dass seine geistige Begabung so umfassend war. In den tiefsten philosophischen Gedankenkreisen heimisch, verlor er trotzdem nicht den Sinn für die konkrete Wirklichkeit, konnte er über die intimsten technischen Kunstgriffe mit dem Glasschleifer Ferrier diskutieren. Und wie er in der Philosophie mit souveräner Herrschergewalt die Gedanken aneinander kettete, ihnen die Form gebend, die seiner idealistischen Gesinnung entsprach, so vermochte er auch mit schöpferischem Geiste die technischen Apparate zu ersinnen, die er für seine naturwissenschaftlichen Experimente nötig hatte.

10. Wir haben schon einige Male in unserer Darstellung die Anregungen erwähnt, die unser Philosoph zu seinem meteorologischen Werke erhalten hat. Ich erinnere an seine italienische Reise, an die damals so aktuellen Probleme über die Erklärung der Nebensonnen und Sonnenflecken. Mit besonderem Stolz betrachtete Descartes seine systematische Darstellung aller dieser Phänomene. „Wir haben von Natur aus die Neigung, die Dinge, welche über uns sind, mehr zu bewundern, als die, welche in gleicher Höhe oder unter uns sind. Und obwohl die Wolken nicht viel die Gipfel einiger Berge überragen, und sie sogar oft niedriger zu sehen sind, als unsere Kirchturmspitzen, — so machen sie gleichwohl auf uns einen solch erhabenen Eindruck, dass die Maler und Dichter sie als den Thron Gottes darstellen, wo er mit eigener Hand die Pforten für die Winde öffnet und schliesst, den Tau auf die Blumen träufelt, und den Blitz auf die Felsen schleudert. Deswegen gebe ich mich der Hoffnung hin, dass wenn ich hier ihre Natur so erkläre, dass man keinen Grund mehr hat zu erstaunen über das, was man da droben sieht, oder was von dort zu uns herabkommt, man leicht

zu der Überzeugung kommen wird, dass es in derselben Weise möglich ist, die Ursachen von allen Dingen auf der Erde zu finden, mögen sie auch noch so wunderbar sein" (C. V, 157—58). In der Tat wusste man in der damaligen Zeit von den Lufterscheinungen so gut wie garnichts. Der Aberglaube und die veraltete scholastische Physik hatten hier ein Gebiet, aus dem sie schwerer wie aus jedem anderen zu vertreiben waren. Die bedeutendste Leistung unseres Philosophen in der Meteorologie war die exakte Erklärung der Entstehung des Regenbogens, dank seiner gründlichen Kenntnisse über die Phänomene der Lichtbrechung war er hierzu vollkommen im stande. Allein noch einer anderen wichtigen Entdeckung Descartes' wollen wir hier gedenken, wiewohl sie in dieser Schrift nicht erwähnt ist, ich meine die Erscheinung des Luftdruckes, wie sie sich bekanntlich am auffälligsten am Quecksilberbarometer äussert, wo die schwere Quecksilberflüssigkeit in der Röhre durch den Druck der Luft in die Höhe getrieben wird. Es geht aus Descartes' Briefwechsel hervor, dass er schon im Jahre 1634 mit diesem Phänomen vertraut war (A. I, 298).

11. Wir kommen nun zu der dritten Schrift unseres Philosophen, seiner Geometrie. Hier feiert sein Entdeckertalent die grössten Triumphe. Haben die beiden anderen Abhandlungen für den heutigen Leser der Hauptsache nach nur noch einen historischen Wert, aus diesem Werke kann noch heute der Jünger der Mathematik eine Fülle von Anregungen schöpfen. Wir haben oben dargelegt, in wie innigem Zusammenhang Descartes' analytische Geometrie mit seiner wissenschaftlichen Methode steht. Keiner ist sich dessen klarer bewusst als unser Philosoph selbst. „Durch meine Optik und meine Meteore habe ich nur zu überzeugen versucht, dass meine Methode besser ist als die gewöhnliche

allein durch meine Geometrie behaupte ich es bewiesen zu haben", heisst es in einem Briefe an Mersenne. Übrigens, wiederum sehr bezeichnend für seinen Charakter, fügt er hinzu, der Freund' möchte dies keinem andern mitteilen (A. I, 478—79). Von dem Wesen und der Bedeutung der analytischen Geometrie haben wir schon oben bei Besprechung der Methode eine Vorstellung zu geben versucht. Wir wenden uns nun zu einzelnen bemerkenswerten Punkten. Auch in dieser Abhandlung zeigt sich, genau so wie in der Dioptrik, die technische Begabung unseres Philosophen. Er kann es nicht verstehen, warum die Alten eine so scharfe Scheidegrenze gemacht haben zwischen den Problemen, welche mittelst Zirkel und Lineal lösbar sind, und denen, die der Kegelschnitte oder verwickelterer Figuren bedürfen. Weil letztere mit komplizierteren Apparaten konstruiert werden, deswegen liegt noch kein Grund vor, sie nicht zu den geometrischen Problemen zu rechnen. In der Mathematik komme es nur auf die reine, vernunftmässige Anschauung an, und diese sei bei den Kegelschnitten und bei einer ganzen Reihe von anderen Kurven genau so gut herzustellen, wie bei den allereinfachsten Figuren, nur diejenigen Kurven seien zu den mechanischen zu rechnen, welche durch zwei Bewegungen verschiedener Natur erzeugt werden, zwischen denen sich keine in gewöhnlichen Zahlen ausdrucksfähige Beziehung herstellen lässt (C. V, 333 u. f.). Indes ist Descartes Philosoph genug, um auch die Grenzen der Mathematik zu erkennen. So hat er es wiederholt in seinen Briefen ausgesprochen, dass die Quadratur des Kreises unmöglich zu erreichen sei: „Die Beziehung zwischen geraden und krummen Linien ist uns nicht bekannt, und da, wie ich glaube, sie auch nie von den Menschen erkannt werden kann, so lässt sich in diesem Gebiete nichts Exaktes und Sicheres aussagen". Freilich drückt sich in diesen Worten denn doch ein etwas zu starker Pessimismus aus (C. V, 357), ein Pessimismus, den übrigens unser Philosoph in späteren Jahren selbst überwunden hat. Gehört er doch auch zu den genialen mathematischen Köpfen, wie Kepler und Cavalieri, die den ersten Grund zu der tiefsinnigen Unendlichkeitsrechnung gelegt haben, einer Wissenschaft, deren vornehmstes Problem es gerade ist, die Beziehung zwischen geraden und krummen Linien zu untersuchen (A. II, 490). Gerade diese Probleme sind es, die ihn nach der Abfassung seiner Geometrie lebhaft interessieren, sie erscheinen ihm als die höchste Blüte, als die „Metaphysik der Mathematik" (A. II, 490). Im übrigen ist sein spezifisches mathematisches Interesse schon seit einer Reihe von Jahren erkaltet. Er will seine Zeit nicht mit rein abstrakten Dingen verschwenden, die auf die Erkenntnis der realen Dinge keinen unmittelbaren Bezug nehmen (A. II, 268). Wie sehr im Grunde genommen ihm schon als Jüngling, als er seine neue Methode suchte, die Mathematik nur Mittel zum Zweck war, haben wir ja früher dargelegt. So wird es uns nicht wundern, wenn er der Zahlentheorie, einer mathematischen Disziplin, die es am wenigsten mit realen konkreten Anwendungen zu tun hat, kein besonderes Interesse entgegenbringt. In früheren Jahren hat er sich freilich auch viel mit abstrakten Problemen beschäftigt. Und seine Untersuchungen über das Wesen der algebraischen Gleichungen, die einen Teil der analytischen Geometrie bilden, zeigen, dass er auch auf diesem Gebiete wahrhaft Grosses zu leisten im stande war.[1])

---

[1]) Descartes gebührt das unbestrittene Verdienst, zuerst auf das Wesen der analytischen Geometrie aufmerksam gemacht zu haben. Wenn nun Cantor aus einem Briefe Fermats an Roberval (22. Sept. 1636), worin sich Fermat auf seine Methode der Maxima und Minima beruft, die er vor 7 Jahren Roberval mitgeteilt habe, den Schluss zieht, dass Fermat die analytische Geometrie wahrscheinlich früher entdeckt habe, da ja die Methode der Maxima und Minima schon die

Durch die eben besprochenen Schriften hat Descartes den grössten Teil seiner damaligen mathematisch-naturwissenschaftlichen Kenntnisse der Öffentlichkeit zugänglich gemacht. Allein eine wirkliche Deduktion der naturwissenschaftlichen Voraussetzungen aus seinen allgemeinen metaphysischen Prinzipien hat er auch jetzt noch nicht gegeben. Er war sich eben auch jetzt noch nicht darüber klar, in welcher Weise er von seinen Voraussetzungen vollkommene Rechenschaft ablegen könne, wiewohl er diese Voraussetzungen selbst schon genau festgelegt hatte. Auch in der Naturphilosophie gab es genau so wie in den Grundprinzipien der Metaphysik noch sehr viel zu tun, bis diejenige Vollkommenheit erreicht wurde, die wir in den nunmehr folgenden Werken unseres Philosophen vorfinden.

---

wesentlichen Gedanken einer analytischen Geometrie voraussetze, so müssen wir doch dieser Behauptung entgegenhalten, dass Descartes schon im Jahre 1623, wie aus seiner Abhandlung über die Methode und aus den Aufzeichnungen seines Tagebuches (Pensées) mit Sicherheit hervorgeht, im vollkommenen Besitz seiner Entdeckung war.

Fünftes Kapitel.

Systematische Durchbildung der Metaphysik.

1. Es wird uns nicht wundern, wenn diese Reihe von wissenschaftlichen Werken, die Descartes auf einmal veröffentlichte, ein ausserordentliches Aufsehen unter den Gelehrten und dem grossen Kreise der Gebildeten erregte. Die aufgeklärten Köpfe begrüssten diese Schriften, in denen mehr oder weniger offen der gesamten offiziellen Wissenschaft und Philosophie der Krieg erklärt war, mit heller Freude. Hier lagen doch einmal wirklich grosse und positive Leistungen vor, von einem Manne vollführt, der einen aufgeklärten Sinn mit ernstem Forschungseifer verband, der hoch über den tollen Schwärmern stand, die bisher durch ihren Übereifer oder durch ihre, mit der Grösse der Aufgabe in grellem Kontrast stehenden, geistigen Fähigkeiten das tiefe Bedürfnis der Zeit nach einer Reformation der Philosophie an Haupt und Gliedern nicht zu stillen vermocht hatten. Andererseits aber musste sich Descartes auf grossen Widerstand gefasst machen. Mussten doch seine Publikationen wie ein Schlag ins Gesicht bei den Vertretern der scholastischen Denkungsweise wirken. Was half es, dass die neuen Anschauungen in möglichst objektiver Weise vorgetragen, dass jede Polemik vermieden war, an der Tatsache, dass fast auf jeder Seite der neu erschienenen Schriften sich Stellen befanden, die im grössten Gegensatz zu der gegenwärtigen Philosophie standen, war doch nun einmal nichts zu ändern.

2. Wenn ein bedeutender Philosoph es erreichen will, dass sein System noch zu seinen Lebzeiten zu grösserem Ansehen gelangt, muss er ein Diplomat sein. Ich erinnere daran, wie Leibniz sich in acht genommen hat, seinen philosophischen Gegnern mit voller Schärfe seine Meinung zu sagen, wie auch Kant sich davor gehütet hat, mit seinen Überzeugungen Anstoss zu erregen. Es lässt sich nun einmal nichts daran ändern, auch der geistige Reformator kann genau so wie der politische nur dann auf Erfolg rechnen, wenn er den Gegensatz zwischen seinen Anschauungen und den althergebrachten nicht zu scharf hervortreten lässt.

Auch Descartes musste mit allen Mitteln versuchen, den radikalen Eindruck, den seine Lehre allenthalben erweckte, möglichst abzuschwächen. Es waren vornehmlich die Jesuiten, die er für sich zu gewinnen suchte. Dieser Orden besass ja damals eine grosse Macht in Frankreich. Wenn es zu erreichen war, dass seine Mitglieder die neuen Anschauungen billigten, oder ihnen wenigstens nicht feindlich entgegentraten, dann war schon sehr viel gewonnen. Gleich nach der Drucklegung seiner Schriften sucht er die alten Beziehungen zu seinem Collège wieder aufzufrischen. So sendet er dem Pater Noel, seinem ehemaligen Repetitor, die veröffentlichten Werke. „Es ist eine Frucht, die Euch gehört, und zu der ich von Euch die ersten Anregungen erhalten habe", heisst es in dem Begleitschreiben (A. I, 183). Wenn wir nicht wüssten, wie sehr es unserem Philosophen darauf ankam, die Ordensmitglieder auf seine Seite zu ziehen, wir würden diesen Satz als eine direkte Ironie betrachten; die Philosophie, wie sie bei den Jesuiten gelehrt wurde, erzscholastisch wie sie war, hat Descartes wahrhaftig nicht die erste Anregung zu

108 Fünftes Kapitel: Systematische Durchbildung der Metaphysik.

seinem neuen System zu geben vermocht. In weiteren Briefen an Noel sucht unser Philosoph ihn davon zu überzeugen, dass seine Lehre vollkommen mit den heiligen Glaubenssätzen übereinstimme, so dass kein Grund für den Orden vorliege, derselben nicht zuzustimmen (A. I, 455). Descartes weiss, was für eine straffe Organisation den gesamten Orden beherrscht, so dass wenn es ihm gelingt, einige einflussreichen Mitglieder für sich zu gewinnen, er auf die freundliche Stellungnahme der ganzen Gesellschaft rechnen kann (A. II, 50). Tatsächlich hat er es auch erreicht, dass wenigstens zu seinen Lebzeiten die Väter der Verbreitung seines Systems nicht entgegentraten, wenn wir absehen von vereinzelten Angriffen, wie sie z. B. von dem Pater Bourdin unternommen wurden.

Ausser diesen diplomatischen Bemühungen hatte Descartes seit der Veröffentlichung seiner Schriften eine Menge von wissenschaftlichen Angriffen, die von einer grossen Anzahl von Gelehrten gemacht wurden, zu beantworten und zu widerlegen. Übrigens sind dieselben von unschätzbarem Werte für die Fortentwicklung und Vertiefung seiner Anschauungen geworden. Es ist fast kein Problem unter den von ihm behandelten zu finden, an dem nicht der eine oder der andere seiner wissenschaftlichen Gegner einen wunden Punkt zu entdecken glaubte, das nicht durch die erregten Diskussionen eine bedeutende Klärung erfahren hat. So sehen wir die Briefe Descartes' fortan mit einer Fülle von Erörterungen metaphysischen Inhalts ausgefüllt. Da wird diskutiert über den Fundamentalsatz, ich denke also bin ich (A. I, 82), über die Gottesbeweise (A. I, 560), über die Natur des Zweifels (A. II, 38—39), über die elementaren Grundsätze der Philosophie (A. II, 435) und dergleichen. Überall weiss Descartes mit Geschick seine Anschauungen zu verteidigen und die Lücken durch neue Argumente wieder auszugleichen.

Fast noch schärfer waren die Angriffe, welche sich gegen die Naturphilosophie richteten. Hatte doch, wie wir wissen, unser Philosoph ihre Prinzipien nicht bewiesen. „Während Ihr in der Mathematik nur Bewunderer habt, werdet ihr Euch wohl nicht wundern, dass in der Physik, deren philosophische Prinzipien Ihr noch nicht veröffentlicht habt, Euch Einwürfe begegnen, da ja Eure Raisonnements nur auf Vergleiche und Vermutungen beruhen, also nach Eurer eigenen Methode in Zweifel zu ziehen sind", diese Worte rühren von Descartes' Freunde Morin her (A. II, 537). Wir können uns daraus schon ein Urteil bilden, wie hart manche Gelehrte urteilten, die unserem Philosophen ferner standen. Übrigens war Descartes selbst sich darüber im klaren, dass er der Öffentlichkeit noch den Beweis seiner naturphilosophischen Prinzipien schuldig sei (A. II, 200). War er doch sogar davon fest überzeugt, dass die Naturwissenschaft ohne sichere philosophische Grundlagen überhaupt keinen Wert besitze. „In der Physik würde ich meine Kenntnisse für nichtig erachten, wenn ich nur zeigen könnte, wie die Dinge sein können, ohne zu beweisen, dass sie nicht anders sein können" (A. III, 35). Descartes ist eben jetzt Metaphysiker durch und durch, und wenn er vorläufig noch zögert, seine Naturphilosophie bekannt zu machen, so liegt es daran, dass sie noch einer gründlichen Durcharbeitung bedarf.

3. Zu den bekanntesten physikalischen Gegnern ist der berühmte Mathematiker Fermat zu rechnen. Es ist die Schrift über die Dioptrik, die er einer ziemlich scharfen Kritik unterzieht. Selbst der Entdeckung des Brechungsgesetzes, an dessen Richtigkeit er nicht zweifeln kann, bringt er nur eine recht kühle Bewunderung entgegen. Nachdem er zunächst in historischer Reihenfolge alle Vorgänger Descartes' aufgezählt hat, um den Fortschritt, der durch unseren Philosophen erzielt wurde, als möglichst gering erscheinen zu lassen, entschliesst er sich zu der frostigen Bemerkung, dass „Herrn Descartes noch genügend viel übrig gelassen war, um seinen Geist zu üben". Wir werden uns nicht darüber wundern, wenn unser Philosoph sich über eine derartige Besprechung, die noch dazu in einzelnen Punkten, ich nenne z. B. den Angriff gegen die Beweisführung des Reflexionsgesetzes, Mangel an modernem physikalischen Verständnis verriet, ärgerte, zumal da Fermat die Schrift noch vor der öffentlichen Verbreitung ohne Wissen Descartes' sich zu verschaffen gewusst hatte. „Er wollte meiner Schrift schon ein Ende bereiten vor ihrer Geburt" heisst es in einem Briefe des Philosophen an Mersenne (A. II, 175). Von direkter Gehässigkeit zeugen die Kritiken, die der Mathematiker Roberval über die Physik abgab. Roberval war zu dieser Zeit Professor der Mathematik am Collège Royal. Zu nennen ist ferner noch Etienne Pascal, der Vater des berühmten Philosophen. Spöttisch äussert sich einmal Descartes über die drei Gegner. „Alle diese Herren, mögen sie nun Räte, Präsidenten oder grosse Geometer sein, sollen es wissen, dass sowohl ihre Angriffe, wie auch ihre Verteidigungen unhaltbar sind, ihre Fehler liegen so auf der Hand, wie es klar ist, dass zweimal zwei gleich vier ist" (A. II, 28). So ganz objektiv hinsichtlich der Einwendungen, die ihm gemacht wurden, war nun freilich unser Philosoph nicht. Sehr oft ist ihm bei der Erwiderung derartiger Kritiken eine gewisse nervöse Gereiztheit nur zu deutlich anzumerken. Manch unmutige Stunde ist ihm dadurch bereitet worden. Und Äusserungen, wie er sie häufig tat, er achte seine Feinde wie die Fliegen, ihre Reden liessen ihn gleichgültig wie das Geschwätz eines Papageies, verhehlen nur im Grunde genommen den inneren Ärger, den er darüber empfand.

4. Hatten die eben erwähnten Angreifer unsern Philosophen vornehmlich deswegen beunruhigt, weil sie teilweise bedeutende Männer waren, so waren es doch andererseits eine ganze Reihe von hervorragenden Köpfen. — namentlich in Holland — die seine Schriften mit unbedingtem Beifall aufnahmen. „Ich freue mich, dass Sie meiner Partei angehören", schreibt Descartes seinem alten Freunde Mydorge in Paris, wo jetzt der Name des Philosophen „häufig in guter Gesellschaft genannt wird" (A. II, 15).

Vor allen Dingen aber war es wie gesagt Holland, wo jetzt die neue Lehre sich durchzusetzen begann. Hier hatte auch schon früher der Philosoph eine Reihe von Beziehungen angeknüpft. Treue Freundschaft verband ihn mit Huygens, dem Sekretär des Statthalters Friedrich Heinrich, dessen zweiter Sohn Christian sich später als Physiker einen unsterblichen Namen erworben hat. Wiewohl Huygens kein eigentlicher Gelehrter war, besass er doch eine gründliche und vielseitige Bildung. Descartes hat eine hohe Meinung von seinen geistigen Fähigkeiten. „Er versteht alles, fast bevor ich es ihm erkläre" (A. I, 315), äussert er in einem Brief über den Freund.

Indes auch bei den Fachgelehrten sollte Descartes' Philosophie Beifall finden. Es ist der Utrechter Universitätsprofessor Henri Reneri gewesen, dem der Philosoph in dieser Beziehung sehr viel zu verdanken hat. Hat doch Reneri es verstanden, in ausserordentlich taktvoller Weise seine Zuhörer mit der neuen Philosophie bekannt zu machen, ohne dass er irgendwie Anstoss bei seinen scholastischen Kollegen erregte. Freilich sollte dieser feinfühlende Mann schon nach kurzer Wirksamkeit im Jahre 1639 plötzlich durch den Tod dahingerafft werden. Allerdings schien sich zunächst ein Ersatz zu finden. Regius, ein junger Schüler des Verstorbenen, hatte durch die Vorlesungen des

Lehrers ein lebhaftes Interesse für die neue Philosophie gewonnen. Er brachte es auch bald durch seinen Eifer zu einer Professur an derselben Universität und schien zunächst Feuer und Flamme für die neu gewonnenen Anschauungen zu sein. Es war ihm nicht genug, sich durch die erschienenen Schriften die neue Philosophie anzueignen. Er drängte sich förmlich dem Philosophen auf, um jeden Preis bemüht persönliche Fühlung mit ihm zu bekommen. Hätte Descartes gewusst, was für ein ehrgeiziger selbstsüchtiger Kopf dieser junge Professor war, wie er selbst anfangs, wo es ihm noch ehrlich mit seiner so ungestüm zur Schau getragenen Anhängerschaft für die neue Lehre war, gröblichen Anstoss bei seinen Kollegen erregte, durch die aufdringliche Art und Weise, mit der er seine Anschauungen verbreitete, er hätte sich sicherlich für diesen neuen Schüler bedankt. Einstweilen war der Philosoph allerdings sehr erfreut über den neuen Jünger. „Wenn die Franzosen mir zu viel Unrecht zufügen, wende ich mich an die Heiden", sagte er mit scherzhafter Anspielung auf die Worte des Apostel Paulus (A. II, 344), dabei an seinen neuen holländischen Anhänger denkend.

5. Überhaupt war die unmutige Stimmung, in die unser Philosoph durch allzuheftige Angriffe geriet, immer nur von kurzer Dauer. Wir wissen es ja, im Grunde genommen besass er ein heiteres Naturell, das sich nicht so leicht aus der Fassung bringen liess. Mit unermüdlicher Ausdauer beschäftigte er sich damit, alle die wissenschaftlichen Anfragen, die an ihn gerichtet wurden, erschöpfend zu beantworten. Diese wissenschaftlichen Diskussionen übten einen so befruchtenden Einfluss auf die systematische Ausgestaltung seines philosophischen Systems aus, dass er jetzt den Entschluss fassen konnte, eine vertieftere Darstellung seiner allgemeinen Metaphysik dem Publikum vorzulegen.

Die Abhandlung erschien in lateinischer Sprache, denn sie war nur für einen engeren Leserkreis bestimmt, der reif genug war, den darin enthaltenen Gedankenzusammenhang zu erfassen. „Meine Beweise sind so miteinander verkettet, dass, wer nicht fähig ist, die früheren im Gedächtnis zu behalten, sie auf Treu und Glauben annehmen muss, wie die Demonstrationen des Mathematikers Apollonius", äussert der Philosoph in einem Briefe an Huygens (A. III, 102). Fassen wir dieses Werk etwas näher ins Auge, — Meditationen hat es Descartes genannt[1] —, und vergleichen es mit der Abhandlung über die Methode, so sticht die ausführliche Behandlung der metaphysischen Grundlagen beträchtlich ab gegen die der früheren Schrift, wo der ganzen Metaphysik nur ein paar Seiten gewidmet waren. Man sieht es, der Philosoph ist jetzt vollkommen Herr geworden über seinen Gegenstand. Auch die formale Behandlung des Stoffes macht einen glänzenden Eindruck. Wir sehen den Denker in einem dramatischen Selbstgespräch mit seinen philosophischen Gedanken verwickelt. Sie stürzen ihn in den tiefsten Abgrund des Zweifels, seine Seele bis ins Innerste erschütternd. Eine furchtbare Spannung bemächtigt sich des Lesers, schon glaubt er den Helden erliegen, der Übermacht weichen zu sehen. Da erfolgt auf einmal ein jäher Wechsel der Situation. Der Philosoph ermannt sich. Seine ganze Willenskraft strengt er an, um der rebellischen Gedanken Herr zu werden. Und siehe es gelingt ihm, gelingt ihm in einer Weise, wie er es nicht zu hoffen gewagt hat. Nicht nur, dass er sie niederzwingt, nein noch mehr, die vorher so widerspenstig waren, sie müssen ihm jetzt fronen, unter seiner Leitung eine

---

[1] Der Titel der ersten lateinischen Ausgabe (1641) lautete: Meditationes de prima philosophia, ubi de Dei existentia et animae immortalitate.

feste Burg der Gewissheit bauen, die sie nie wieder zu zerstören vermögen.

6. Hatte Descartes schon in der Schrift selbst mit den stärksten ihm zur Verfügung stehenden Argumenten seine Anschauungen zu stützen versucht, so war ihm das dennoch nicht genug. Bevor die Abhandlung der Öffentlichkeit zugänglich gemacht wurde, schickte er sie an eine Reihe von bedeutenden Philosophen und Theologen. Erst als der Philosoph die von diesen Männern gemachten Einwürfe beantwortet und zu dem übrigen Werke hinzugefügt hatte, hielt er es an der Zeit, die Schrift erscheinen zu lassen.

Offen gestanden, es gehört eine gewisse Geduld dazu, diesen die ursprüngliche Abhandlung an Seitenzahl weit übertreffenden Anhang ganz durchzulesen. Und doch bleibt die Mühe nicht unbelohnt. Ist es nicht ein ausserordentlich packendes Bild, Vertreter der heterogensten Weltanschauungen über die brennendsten Punkte der allgemeinen Metaphysik miteinander disputieren zu sehen. Da tritt uns entgegen der Sensualist Gassendi, zur Zeit in Paris der Held des Tages, eine im allgemeinen recht liebenswürdige Natur, der leben und leben lassen will und keinem seine Gedanken aufzudrängen pflegt. Aber augenblicklich ist er etwas verstimmt. Descartes hat ihn in seiner Meteorologie nicht zitiert, wie er es zu verdienen glaubte. Und wie friedliebend und gutmütig er auch sonst zu sein pflegt, das nimmt er übel und setzt den idealistischen Argumenten des Gegners eigensinnig auf Schritt und Tritt seine sensualistischen Gegengründe entgegen. In der Geschichte der Philosophie spielen Leibniz' Abhandlungen über den menschlichen Verstand eine grosse Rolle, weil der Philosoph in diesem Werke als Vertreter des erkenntnistheoretischen Idealismus die entgegengesetzten Anschauungen John Locke's bekämpft. In unserer Schrift haben wir ein kleines Vorspiel zu diesen späteren Auseinandersetzungen, ein Vorspiel, dem zwar nicht die Bedeutung der letzteren zukommt, das aber dafür vom psychologischen Standpunkte aus betrachtet recht interessant ist, weil in ihm die aufeinander stossenden Gegensätze viel schärfer ausgeprägt sind.

Einen etwas anderen Charakter tragen die Einwände des Positivisten Hobbes. Dieser Denker war zwar auch Naturalist und suchte sich in diesem Sinne gegen Descartes zu wenden, allein er war nicht wie Gassendi in erkenntnistheoretischen Fragen sensualistisch gesinnt, sondern hatte auf diesem Gebiete mannigfache Berührungspunkte mit der rationalistischen Anschauungsweise Descartes'. Hobbes möchte gern mit unserem Philosophen intimere Beziehungen pflegen. Allein er fängt es recht ungeschickt an, kehrt in seinen Einwendungen nur die Descartes unsympathische Seite seiner Philosophie hervor und ärgert noch ausserdem den leicht reizbaren Philosophen durch seine Polemik gegen die Dioptrik. So ist es denn kein Wunder, wenn Descartes „diesen Engländer" nicht leiden mag, jeden Verkehr, den der gutmütige Mersenne anzubahnen versucht hatte, mit ihm meidet und sogar den argwöhnischen Verdacht fasst, Hobbes wolle ihn ausbeuten. Es ist sehr schade, dass diese beiden eigenwilligen Denker sich in dieser Weise einander entfremdeten. So manche Härten hätten sie bei gegenseitiger Berührung aneinander abschleifen können.

Zu den scharfsinnigsten Einwendungen rechnet Descartes diejenigen Arnauld's, eines der jüngsten Doktoren der Sorbonne. Mit klarem Blick erkennt er die Begabung des jungen Mannes. „Wiewohl es noch nicht lange her ist, dass Herr Arnauld Doktor geworden ist, so schätze ich doch seine Fähigkeiten höher, als die Hälfte aller anderen" (A. III, 473). Da haben wir wieder einmal eine vertrauliche Bemerkung, die erkennen lässt, wie verächtlich der Philosoph über die Repräsentanten der offiziellen Gelehrsamkeit dachte. Hören wir dagegen, wie er sich ein Jahr vorher öffentlich über die Sorbonne auslässt, der er sein metaphysisches Werk gewidmet hat. „Die Achtung, die alle Welt vor Euch hat, ist so gross, und der Name der Sorbonne geniesst ein solches Ansehen, dass nicht nur in Glaubenssachen . . . . sondern auch in den Angelegenheiten der Philosophie, niemand hofft, irgend wo anders mehr Solidität und Kenntnisse, mehr Klugheit und Unparteilichkeit, wie sie zu einer Beurteilung nötig sind, zu finden" (C. I, **221**). Wer weiss, ob nicht, im Falle diese Widmung unterblieben wäre, Descartes' Meditationen in Frankreich verboten worden wären. Die Geistlichkeit übte damals eine recht scharfe Zensur aus, die man nur durch derartige Schmeicheleien vermeiden konnte.

7. Mit der Herausgabe der Meditationen, die im Jahre 1641 erfolgte, hatte der Philosoph erst einen Teil seiner Verpflichtungen erfüllt. Noch schuldet er der Öffentlichkeit eine Rechtfertigung seiner naturphilosophischen Prinzipien, ausserdem musste er daran denken, dem Publikum einen Ersatz zu liefern für das wegen der Verurteilung Galileis nicht erschienene kosmogonische Werk. Mit allen diesen Arbeiten war er nun in den nächsten Jahren beschäftigt. Die ruhige abgeschiedene Lage seines damaligen Aufenthaltsortes gab ihm die hinreichende Musse dazu. Es war das reizend gelegene Schlösschen Endegeest, das Descartes sich zu seinem Wohnsitz ausersehen hatte. Die Bequemlichkeit, mit der er sich dort einrichtete, zeigt uns, dass er keineswegs ein Verächter allen Komforts gewesen ist. Er hatte wohlausgesuchte Diener um sich und besass einen sehr schönen, von Wiesen umsäumten Garten. Morgens früh stand er verhältnismässig spät auf, schloss sich dann den ganzen Vormittag ein, um ungestört arbeiten zu können. Die Zeit nach dem Mittagessen war ganz der Erholung gewidmet. Da unterhielt er sich mit seinen Freunden, pflegte die Pflanzen seines Gartens und suchte sich auf alle mögliche Weise durch körperliche Übungen zu zerstreuen. Von vier Uhr nachmittags an wurde dann wieder gearbeitet, oft bis spät in die Nacht hinein (Baillet II, 168 und 450).

8. Bei der hinreichenden Musse, die Descartes besass, konnte er schon im Jahre 1644 sein naturphilosophisches Werk herausgeben. Er hat es „Prinzipien der Philosophie" genannt. Der Titel könnte allerdings zu Missverständnissen führen. Denn das Buch enthält keineswegs das ganze philosophische System. Nur die Naturphilosophie und die allgemeinen Grundzüge der Kosmogonie und Physik sind darin hauptsächlich behandelt. Von der allgemeinen Metaphysik dagegen, die ja schon in den Meditationen ausführlich dargestellt war, ist nur ein kurzer Abriss gegeben. Freilich ist auch in diesem Gebiete manches schärfer herausgearbeitet worden, so z. B. das Verhältnis des menschlichen Geistes zu den angeborenen Vorstellungen und zum Unendlichen, ferner auch das Verhältnis der menschlichen Freiheit zu der Allwissenheit Gottes. Nach diesem metaphysischen Teil folgen die naturphilosophischen Prinzipien und ihre rationale Begründung. Den grössten Raum aber nimmt die Darstellung des allgemeinen physikalischen Weltbildes ein, mehr als zwei Drittel des ganzen Werkes wird von ihr ausgefüllt. Hier hat uns nun Descartes zum zweiten Male ein Bild von der allmählichen Entstehung der Welt gegeben, dabei aber klug vermieden, der Geistlichkeit irgend ein Ärgernis zu bereiten. Er wolle nur deswegen die Entwicklung der Welt aus einem einfachen Anfangszustande schildern, weil wir auf diese Weise einen viel tieferen Einblick in die

Natur bekommen, als wenn wir sie einfach in ihren jetzigen Verhältnissen uns vor Augen führen. Es läge ihm dagegen vollkommen fern, zu behaupten, dass die Welt sich tatsächlich in dieser Weise entwickelt habe. Auch hinsichtlich der Erdbewegung versteht sich der Philosoph, allerdings in recht künstlicher Weise, mit der Bibel in Einklang zu setzen. Mag auch die Erde sich um die Sonne drehen, trotzdem kann sie als ruhend angesehen werden, ruht sie doch relativ zu dem Ätherwirbel, der sie um die Sonne treibt. Wie gezwungen diese Erklärung ist, liegt auf der Hand. Sollte sie Descartes etwa ernst gemeint haben? Fast möchte es wirklich scheinen, dass seine Gedanken — wider sein besseres Wissen — unter dem Drucke, den die Kirche ausübte, diese künstliche Wendung genommen haben. Schreibt er doch ganz unbefangen an den Pater Noel: „Was die Zensur von Rom betrifft, hinsichtlich der Bewegung der Erde, so sehe ich keine Gefahr, denn ich leugne ausdrücklich diese Bewegung. Freilich wird man wohl anfangs denken, dass ich sie nur dem Wortlaut meiner Darstellung nach leugne, um die Zensur zu vermeiden, weil ich das System des Kopernikus beibehalte, aber wenn man meine Gründe prüft, dann wird man sehen, dass sie ernst gemeint und zuverlässig sind" (A. V, 550).

9. Die ruhige Musse, die Descartes in so vollkommenem Masse bisher in Holland genossen hatte, sollte fortan durch einige unangenehme Zwischenfälle beeinträchtigt werden. Der Professor Regius hatte sich nach und nach in Utrecht so unbeliebt gemacht, dass er nicht nur in Gefahr geriet, sein Amt zu verlieren, der er allerdings dank seiner Geschmeidigkeit entrinnen sollte, sondern auch Descartes selbst in Mitleidenschaft zog. An der Utrechter Universität befand sich damals ein ganz fanatischer Theologieprofessor, Gisbert Voetius mit

Namen. Obwohl er einen ziemlich beschränkten geistigen Horizont besass, hatte er es doch verstanden, durch seinen fanatischen Eifer, mit dem er alle Ketzer verfolgte, grossen Einfluss unter seinen Mitbürgern zu gewinnen. In der Bekämpfung seiner Gegner scheute er vor den brutalsten Mitteln nicht zurück, mit den plumpesten Verleumdungen, mit den gemeinsten Pamphleten überschüttete er sie, bis er sie zu Grunde gerichtet hatte. Dieser Mann merkte es bald, trotz seiner geistigen Beschränktheit, wer der Urheber der ketzerischen Lehren war, die Regius vortrug. Und nun war unser Philosoph nicht mehr sicher vor ihm. Was half es, dass er in einer im Jahre 1645 erschienenen Brochüre den Mann an den Pranger stellte und die gemeinen Verdächtigungen, die er gegen ihn erhoben hatte, entrüstet von sich wies. Ein Mensch wie Voetius wusste sich auch dagegen zu helfen. Nachdem es ihm nicht mehr möglich war, offen gegen ihn zu kämpfen, hetzte er im geheimen gegen ihn. Reklamationen von Seiten Descartes' hatten nie einen vollkommen durchgreifenden Erfolg. Und wer weiss, wie sehr unser Philosoph noch von diesem wütenden Fanatiker belästigt worden wäre, wenn es ihm nicht dank seiner Beziehungen, die er mit dem holländischen Statthalter unterhielt, stets gelungen wäre, die gegen ihn unternommenen Prozesse niederzuschlagen.

Zu allen diesen verdriesslichen Ereignissen kam noch der Ärger, der Descartes durch Regius bereitet wurde, hinzu. Dem Herrn Professor schien nämlich die Märtyrerrolle, in die er durch sein eigenes Verschulden hineingeraten war, mit der Zeit nicht mehr zu behagen. Nachdem er sich durch die Philosophie seines Meisters genügendes Ansehen verschafft hatte, fing er plötzlich an, sein Verhalten zu ändern. Der früher so entschiedene Anhänger Descartes' entpuppte sich auf einmal als ein Sensualist, der die angeborenen

Ideen und die Unkörperlichkeit des Geistes leugnet.
Als Descartes ihm daraufhin androht, dass er sich
öffentlich von ihm lossagen würde, besass er die Un-
verschämtheit, ihm in folgender Weise zu antworten.
„Ihr würdet vielleicht Euch selbst mehr Schaden zufügen als mir, wenn Ihr schriftlich oder mündlich erklärt, dass Ihr in der Metaphysik von mir abweichende
Meinungen habt. Denn das Beispiel eines Mannes, wie
ich es bin, der in Eurer Philosophie keineswegs für
einen Ignoranten gilt, wird nur dazu dienen, verschiedene
Leute, die schon früher andere Anschauungen gehabt
haben, in ihren Überzeugungen zu bestärken, und sie
werden es mir zur Ehre anrechnen, wenn ich trotz der
intimen Beziehungen, die ich früher mit Euch unterhalten habe, dennoch von Euren Anschauungen abweiche,
wenn sie nicht der Vernunft entsprechen" (A. II, 235).
Solch eine Anmassung trug jetzt dieser Mensch zur Schau,
der in seinen früheren Briefen nicht genug Worte gefunden hatte, um seine unbedingte Anhänglichkeit an die
Person und die Lehre des Philosophen zu zeigen. Descartes hat sich bald darauf von dem treulosen Schüler
losgesagt.[1])

10. Indes Descartes sollte nicht mit allen seinen
Schülern so schlechte Erfahrungen machen. Es war
die Prinzessin Elisabeth, die Tochter jenes unglücklichen
Pfalzgrafen, gegen den auch Descartes einst mit zu
Felde gezogen war, die im Gegensatz zu Regius eine
der treuesten Anhängerin des Philosophen geworden ist.
Elisabeth besass einen selten regen Geist. Als sie Descartes im Jahre 1643 zum ersten Male persönlich kennen
lernte, erfuhr er — sicherlich zu seinem grossen Erstaunen —, dass das junge fünfundzwanzigjährige Mäd-

---

[1]) 1647 hat Descartes sogar in einer besonderen Schrift die Irrtümer seines früheren Schülers gekennzeichnet. Siehe Cousin B. 10.
S. 71 u. f.

chen bereits mit dem lebhaftesten Interesse sich in
seine Werke vertieft hatte. Die Folge davon war ein
reger wissenschaftlicher Verkehr zwischen beiden, aus
dem bald ein inniges Freundschaftsbündnis entstehen
sollte. Wohl kaum ist die Familie einer Fürstin von
so schweren Schicksalsschlägen getroffen worden, wie
die unserer Prinzessin. In Descartes hat sie einen
treuen Berater gefunden, dem sie ihr Herz ausschütten
konnte, der ihr in der feinfühligsten und taktvollsten
Weise beizustehen und Trost zuzusprechen bemüht war.
Jedoch auch in philosophischen Fragen hat sie stets
Rat bei ihm gesucht, aber andererseits ihrem Lehrer
selbst manche wichtige Anregung gegeben, indem sie
mit scharfem Blick die Stelle seines Systems heraus-
fand, die noch lückenhaft und einer Ergänzung bedürftig
war. Es war die Wechselwirkung zwischen Körper
und Geist, die der Philosoph bisher noch nicht ausführlich behandelt hatte. Und doch war dies für ihn unbedingt erforderlich, da ja bei der scharfen Scheidegrenze,
die er zwischen Geist und Körper gezogen hatte, eine
Aufklärung über die Beziehungen zwischen den beiden
Substanzen um so notwendiger war. Durch diese Anregungen entstand Descartes' Abhandlung über die
Affekte, die ein Jahr vor seinem Tode veröffentlicht
wurde. Sind es doch gerade die Affekte, bei denen sich
am augenfälligsten die Wechselwirkung zwischen Leib
und Seele zeigt. In dieser Schrift haben wir einen
charakteristischen Beweis für die Welt- und Menschen-
kenntnis des Philosophen, die in seinen übrigen wissenschaftlichen Werken, ihrem metaphysischen und naturwissenschaftlichen Inhalt gemäss, natürlich seltener zum
Ausdruck kommt.

Indessen nicht nur rein metaphysische Erörterungen
fanden zwischen Descartes und der Prinzessin statt.
Auch über die Grundlagen der Moral hat der Philosoph
mit ihr diskutiert. Lag es doch sehr nahe, dass die

schwergeprüfte Fürstin durch derartige Betrachtungen sich über die vielen Unglücksfälle, die sie betrafen, hinwegzuheben versuchte. Andererseits war auch für Descartes kein Zeitpunkt geeigneter, die ethischen Probleme in systematischer Weise zu betrachten, als der jetzige, in dem er sein metaphysisches System zum Abschluss gebracht hatte. Allerdings stehen die ethischen Ansichten, wie sie der Philosoph in seinen Briefen und in der Schrift über die Leidenschaften äussert, in keinem strengen Zusammenhang mit seinem System, dennoch deutet die in ihnen hervortretende idealistische Gesinnung unverkennbar auf den inneren Grundcharakter der metaphysischen Denkungsweise unseres Philosophen hin, der ja auch durch und durch idealistisch ist. Bei der humanen Gesinnung Descartes' wird es uns nicht wundern, wenn der Idealismus, der sich in seiner Ethik kund tut, in keiner Weise übertrieben ist. Der Philosoph huldigt durchaus gemässigten Anschauungen und schlägt einen versöhnlichen Mittelweg zwischen den extremen Richtungen der Stoiker und Epikureer ein.

11. Bis jetzt hatte Descartes seinen Aufenthalt in Holland nicht unterbrochen, wenn wir absehen von der Reise nach Dänemark, die er in der ersten Zeit seines Hierseins unternommen hatte. Jetzt fühlte er aber doch wieder einmal das Bedürfnis, sein Vaterland und seine französischen Freunde wiederzusehen. Das waren wohl die Hauptmotive, die ihn veranlassten, in kürzeren Zwischenräumen mehrere Reisen nach Frankreich zu unternehmen, wir finden ihn dort in den Jahren 1644, 1647 und 1648. Descartes erlebte in dieser Zeit die Freude, immer mehr Anerkennung in weiteren Kreisen zu finden. Seine lateinischen Werke wurden ins Französische übersetzt. Ja sogar der königliche Hof wurde auf ihn aufmerksam. Der Philosoph erhielt eine Pension, „in Anbetracht seiner grossen Verdienste und des

Nutzens, den seine Philosophie und die Resultate seiner langjährigen Forschung der Menschheit brächten, sowie auch, um ihm die Mittel zu gewähren, seine schönen aber kostspieligen wissenschaftlichen Versuche weiter fortzusetzen" (Baillet II, 327). In der Tat hatte der französische Staat allen Grund dazu, den Philosophen in dieser Weise zu ehren. War doch Descartes unermüdlich weiter bemüht, seine naturwissenschaftlichen Untersuchungen fortzusetzen. Vier Jahre bevor er diese Pension (1648) erhielt, war es ihm geglückt, wieder einmal eine wichtige physikalische Entdeckung zu machen. Es gelang ihm nämlich, die Gesetze zu finden, nach denen sich der Auslauf von Flüssigkeiten vollzieht. Im Jahre 1643 hat er uns in einem Briefe davon in Kenntnis gesetzt, ein Jahr bevor Torricelli seine Entdeckungen auf diesem Gebiete veröffentlichte[1]).

12. Trotzdem der Philosoph ein gemässigtes Leben führte und in keiner Weise über seine Kräfte arbeitete, hatten ihn doch die letzten Jahre ziemlich mitgenommen. Seit seiner Reise nach Frankreich, schreibt er im Jahre 1645, käme es ihm vor, als ob er um zwanzig Jahre gealtert sei: „Ich meine nicht, dass mir etwas fehlt, Gott sei Dank. Aber ich fühle mich schwächer und glaube fortan mehr Bequemlichkeit und Ruhe zu bedürfen" (A. IV, 204—5). Manches mögen auch dazu die vielen Unannehmlichkeiten beigetragen haben, die ihm durch Voetius und seinen Anhang bereitet wurden. Dadurch wurde ihm der Aufenthalt in Holland schliesslich immer mehr verleidet, „in einem Lande, wo, wie er sich bitter ausdrückt, man nicht die Rechtschaffenheit

---

[1]) In die letzte Lebenszeit des Philosophen ist auch das naturwissenschaftliche Werk: De la formation du foetus zu setzen; ferner eine unvollendete Arbeit, in der er versucht, in Dialogform seine philosophischen Anschauungen zu entwickeln.

und Tugend, sondern den Bart, die Stimme und die Augenbrauen der Theologen verehrt" (A. V, 17).

Unter diesen Umständen ist es wohl zu verstehen, dass er ein von der Königin Christine von Schweden an ihn gerichtetes Anerbieten, nach Stockholm überzusiedeln, nicht ausschlug. Schon im Jahre 1646 erfahren wir, dass sich Christine mit den philosophischen Schriften Descartes' beschäftigt hat (A. IV, 535). Durch die Vermittelung des mit dem Philosophen befreundeten französischen Gesandten Chanut kam dann zwischen beiden ein brieflicher Verkehr zu stande. Die Tochter Gustav Adolphs zeigte ein reges Verständnis für alle möglichen Wissensgebiete. Eine Reihe von begabten Köpfen hatte sie an ihren Hof gezogen. Doch besass sie keine Ausdauer, genau so wenig wie in den Regierungsgeschäften. Auch in ihren Handlungen war sie launisch und rücksichtslos, ganz im Gegensatz zu der feinfühligen und edelmütigen Prinzessin Elisabeth. Bezeichnend für ihre bizarren Einfälle ist es, dass sie Chanut einst die seltsame Frage stellte, welche Leidenschaft von schlimmeren Folgen begleitet sei, die Liebe oder der Hass. Chanut bat den Philosophen, die Königin darüber aufzuklären, und durch die sich an dieses Problem anschliessende Korrespondenz zwischen Christine und Descartes bekam erstere eine so hohe Meinung von ihm, dass sie ihn dringend einlud, sie zu besuchen und in die Grundlagen seiner Philosophie einzuweihen. Als Descartes den Vorschlag annahm, hoffte er im geheimen, den politischen Einfluss der Königin zu Gunsten seiner treuen Schülerin Elisabeth zu benutzen, was ihm freilich nicht gelingen sollte.

13. Im Oktober des Jahres 1649 gelangte unser Philosoph nach Stockholm. Allein wie sehr ihn auch die Königin auszeichnete, das Hofleben gefiel ihm keineswegs. „Ich werde wohl nicht länger hier bleiben,

als bis zum nächsten Sommer" schrieb er gleich nach seiner Ankunft der Prinzessin Elisabeth (A. V, 431). Zu Descartes' Missstimmung mag auch viel beigetragen haben die grosse Anzahl von Literaten, die Christine um sich gesammelt hatte, die mit scheelem Neide die Begünstigungen, die der Philosoph erhielt, betrachteten. Aber was ihn auch immer bekümmert haben mag, wir wissen es, dass er sich bald wieder aus Schweden fortwünschte. „Ich bin hier nicht in meinem Element" schreibt er klagend in einem Briefe aus dem Januar 1650 (A. V, 467). Leider sollte er nur allzu recht darin haben. Sein Unbehagen wurde noch verstärkt durch den kalten nordischen Winter und die völlig veränderte Lebensweise, zu der er am Hofe genötigt wurde. Alle diese Umstände sollten für seine ohnehin schwache Konstitution verhängnisvoll werden. Zu Anfang Februar wurde er plötzlich krank, bald stellte es sich heraus, dass er sich eine schwere Lungenentzündung zugezogen hatte, gegen die es keine Rettung mehr gab. Am elften Februar, vier Uhr morgens, hauchte er seinen Geist aus.

So nehmen wir Abschied von dem Leben unseres Philosophen, eines Mannes, der in wahrhaft ergreifender Weise sich das ganze Leben hindurch seinem rastlos tätigen Wahrheitsdrange hingegeben hat.

Zweiter Teil.

Das metaphysische System.

Sechstes Kapitel.

Allgemeine metaphysische Grundlagen.

1. Haben wir wirklich die ernste Absicht, in der Philosophie zur wahren, unbestreitbaren Erkenntnis zu kommen, so müssen wir zunächst alles in Zweifel ziehen, was dem gewöhnlichen Menschen als sicher und zuverlässig erscheint. Also hinweg mit allen Meinungen und Urteilen, die wir uns früher gebildet haben. Allein das genügt noch nicht. Auch das, was uns vorher am sichersten erschienen ist, die Realität der Aussenwelt müssen wir bezweifeln, mag sie auch noch so sinnlich und handgreiflich vor uns stehen. Es könnte scheinen, als gingen wir hierin zu weit. Ist es nicht Wahnsinn, die Existenz der Sinnenwelt, die doch mit so überwältigender Macht auf uns eindringt, zu leugnen. Keineswegs, erleben wir doch auch im Traume Dinge, wie sie uns nicht lebhafter im wachen Zustande berühren können. Kann nicht das ganze Leben ein Traum sein? Vielleicht ist alles, was mir erscheint, selbst mein eigener Körper weiter nichts als ein Wahngebilde meiner Phantasie. Du wirst einwenden, dass selbst die Traumbilder nicht entstehen könnten, wenn wir nicht vorher bestimmte Vorstellungen von aussen empfangen hätten. Das Material, aus denen sich die Bilder zusammensetzen, eine Fülle von Farben und von Gestalten, muss uns doch vorher gegeben sein. Auch dieser Einwand hilft dir nichts. Nimm einmal an, wir hätten auch derartige Grundmaterialien zur Konstruktion der Aussenwelt nötig, — vielleicht bedarf es dazu nur einiger ganz allgemeiner Grundvorstellungen, wie etwa Gestalt und Grösse, Raum und Zeit — kann nicht Gott es so eingerichtet haben, dass uns alle diese Grundvorstellungen erscheinen, und dass es trotzdem nichts Ausgedehntes, keine Gestalt, keine Grösse und keinen Ort gibt. Ja vielleicht gibt es gar keinen Gott, vielleicht bin ich durch das Schicksal, durch den Zufall oder gar durch einen bösen Dämon das geworden, was ich bin. Schliesslich werde ich immer unsicherer. Lug und Trug scheint alles zu sein, was mich umgibt. Die handgreiflichsten Schlüsse, die ich mache, der Satz, dass zweimal zwei vier ist, wer bürgt mir für ihre Richtigkeit. Der böse Dämon, der mich hervorgebracht hat, kann mich ja — grausam genug — mit einem ganz und gar wirren und irreführenden Geistesvermögen erschaffen haben. Allein mag auch die ganze Welt versinken, mögen wir auch den aberwitzigen Launen eines Dämons unsere Existenz verdanken, nichts soll uns davon abhalten, unsere Untersuchung weiter fortzusetzen.

„Hier ist es Zeit durch Taten zu beweisen, dass Manneswürde nicht der Götterhöhe weicht". — Wir ziehen die letzten Konsequenzen unserer Betrachtungen. „Und wär' es mit Gefahr, ins Nichts dahin zu fliessen". So dass wir schliesslich als einziges Resultat unserer Bemühungen nur feststellen können, dass es nichts Gewisses gibt.

2. Ich nehme also an, dass alles was ich um mich sehe, falsch ist. Ich habe überhaupt keine Sinne. Körper, Gestalt, Ausdehnung und Ort sind Chimären. Aber wo bleibe dann schliesslich ich selbst, von dem alle diese Betrachtungen angestellt worden sind. Hier scheint sich uns etwas Sicheres darzubieten. Mag ich auch an allem zweifeln, an meinem eigenen Bewusstsein werde ich nie irre werden, denn sonst könnte ich ja nicht einmal zweifeln. Zwar habe ich mir alle Körperlichkeit abgesprochen, aber meine geistige Persönlichkeit sie muss sicherlich existieren. Sie allein ermöglicht es mir ja, zu bejahen und zu verneinen, zu wollen, zu fühlen, zu wahrnehmen und zu denken. Wie fälschlich auch alle meine Erlebnisse hinsichtlich ihres Inhalts sein mögen, dass ich geistige Erlebnisse habe und also auch infolge dessen existieren muss, steht fest. Ich denke (= ich habe geistige Erlebnisse), also bin ich.[1]) Diese Tatsache ist unbestreitbar, sie kann mir nicht von einem bösen Dämon eingegeben sein, sie ist mein ureigenstes, sicherstes inneres Erlebnis.

Indes überschätzen wir unser Ergebnis nicht. Bisher haben wir nur festgestellt, dass wir überhaupt existieren. Wir haben es erkannt aus unserer Bewusstseinstätigkeit, die sich uns als das erste Merkmal unserer Persönlichkeit aufgedrängt hat. Daraus folgt aber noch keineswegs, dass wir unser Wollen, Fühlen, Wahrnehmen und Denken als die wesentlich konstituierenden Merkmale unserer Person ansehen dürfen. Wie sehr wir auch an der Existenz unseres Körpers gezweifelt haben, wie ungeeignet derselbe auch ist, um daraus auf unsere eigene Existenz zu schliessen, die, wie wir gesehen haben, nur durch die Erkenntnis unserer geistigen Eigenschaften zu erweisen ist, trotzdem können wir nicht wissen, ob nicht, wie die Materialisten es behaupten, gerade er es ist, der unser ganzes Wesen ausmacht, unsere geistige Bewusstseinstätigkeit erst hervorruft. Hierüber können wir erst später etwas Sicheres aussagen.

Es ist eines der hervorragendsten Verdienste, das sich unser Philosoph durch diese Untersuckung erworben hat. Das Bewusstsein mit seinen mannigfachen Empfindungen und Vorstellungen ist dasjenige an unserem

---

[1]) Cogito ergo sum.

Wesen, was von uns am unmittelbarsten wahrgenommen wird. Keine Kritik vermag diesen Satz zu widerlegen. Selbst wer mit Kant der Anschauung ist, dass unsere innere Persönlichkeit uns auch nur als Erscheinung gegeben ist, muss ihn zugeben. Denn mögen die Phänomene der Seele auch nur Erscheinungen sein, für uns sind sie doch das unmittelbar Gegebene, nur mit ihrer Hilfe können wir uns eine Kenntnis der Aussenwelt verschaffen.

3. Wie kamen wir eigentlich dazu, unseren eben gewonnenen Grundsatz für unzweifelhaft gewiss zu erklären? Wir hatten ein Recht dazu, weil er uns unmittelbar einleuchtete, so dass auch nicht der leiseste Zweifel an seiner Richtigkeit in uns aufsteigen konnte. So können wir demnach doch wohl sicherlich den weiteren Grundsatz aufstellen, wahr ist alles, was eben so klar und deutlich ist, wie unsere vorher erworbene Erkenntnis von der Realität meiner Existenz. Denn es war ja eben nur um dieser Evidenz willen, weswegen wir diese Erkenntnis als richtig anerkannt haben. Warum sollen uns weitere Tatsachen, falls sie dieselbe Überzeugungskraft in sich tragen, nicht eben so sicher erscheinen. Freilich müssen sie genau so wie unser erster Satz intuitiv gewiss sein, können sie nur durch Schlüsse erwiesen werden, dann sind sie abzuweisen. Wissen wir doch, dass vielleicht unser Gedächtnis und unser Schlussvermögen uns in die Irre führt (C. I, 426). Zu diesen intuitiven Wahrheiten sind nun auch die sogenannten Gemeinbegriffe (notiones communes) zu rechnen. Dazu gehört z. B. der Satz, dass die Wirkung mindestens ebensoviel Realität in sich haben muss, wie die Ursache, dass eine geschehene Sache sich nicht ungeschehen machen lässt u. s. w. Wir haben es keineswegs nötig, sie alle aufzuzählen, nur müssen wir uns immer, wenn wir sie brauchen, an ihre wichtige Bedeutung erinnern.

Sie sind uns unmittelbar verbürgt durch unsere natürliche Einsicht, oder wie es Descartes auszudrücken liebt, durch unser natürliches Licht (lumen naturale). „Es nützt auch nichts den Einwand zu machen, diese Sätze könnten vielleicht, vom Standpunkt Gottes oder der Engel betrachtet, sich als falsch erweisen, denn die Evidenz, mit der sie uns einleuchten, gestattet es nie und nimmermehr, dass wir auf den Fragesteller hören und uns von ihm überzeugen lassen" (C. I, 434).

4. Indes alle diese Gemeinvorstellungen, mögen sie auch, wie unser erster Grundsatz intuitiv gewiss sein, bereichern zunächst unsere Einsicht nicht, sind sie doch rein formaler Natur. Und doch haben wir eine Erweiterung unseres Wissens so notwendig, noch haben wir die vernichtendsten Wirkungen unseres allgemeinen Zweifels nicht beseitigt, wissen nichts über die Aussenwelt, nicht einmal etwas über die Zuverlässigkeit unseres Schlussvermögens, da wir ja infolge der Schwäche unseres Gedächtnisses, das nicht alle Folgesätze stets gegenwärtig hat, von einem bösen Dämon irregeführt werden können.

Solange ich in dem inneren Bereiche meines Geistes bleibe und nur seine Vorstellungen an und für sich betrachte, habe ich, das weiss ich, keinen Irrtum zu befürchten. Selbst die Vorstellungen, die ich von sinnlichen Objekten habe, sind ja, als Erzeugnisse meines Geistes betrachtet, hinsichtlich ihrer Realität über allen Zweifel erhaben. Nur darf ich nicht behaupten, dass ihnen ausserhalb meines Ichs reale Gegenstände entsprechen. Es gibt überhaupt keine endliche Vorstellung in mir, deren Realität ausserhalb meines Bewusstseins mit wirklicher Evidenz nachgewiesen werden kann, bei allen lässt sich die Möglichkeit nicht abweisen, dass sie entweder von mir selbst oder von einer mir eingepflanzten Kraft, die mir verborgen ist, erzeugt worden sind.

Nun habe ich aber eine Vorstellung in mir, die gar nichts Endliches an sich hat und von allen andern in unvergleichlich hohem Masse verschieden ist. Es ist der Begriff von einem unendlichen, ewigen und allmächtigen Wesen. Es ist gleichsam ein überirdischer Glanz, der von dieser Vorstellung ausgeht. Die Merkmale, die sie an sich trägt, zeichnen sich alle aus durch eine unermessliche, alles Endliche übersteigende Fülle. Die Unendlichkeit, die in ihnen enthalten ist, ist nicht durch eine blosse Verneinung entstanden, sie ist nicht potentiell, sondern aktuell. Vollkommen positiv, in sonnenklarer Helligkeit steht sie vor meinem geistigen Auge, wenn ich sie auch in meiner Kurzsichtigkeit nicht ganz umfassen, sondern gleichsam nur berühren kann. Aber schon diese Berührung allein genügt, um ein deutliches Bild von ihr zu erhalten. Diese Vorstellung von dem unendlichen, allerhöchsten Wesen geht sogar in gewissem Sinne allen endlichen Vorstellungen voraus. Denn wie käme ich überhaupt dazu, von meiner Endlichkeit, von meiner Beschränktheit und Unvollkommenheit zu reden, wenn ich nicht die Gottesvorstellung in mir trüge, sie ist ja das absolute Ideal, an dem ich meine eigene Persönlichkeit erst messen muss, um eine Vorstellung von ihrer Unzulänglichkeit zu fassen.

Woher stammt nun dieser Begriff? Ist es wirklich möglich, dass ich ihn selbst erzeugt habe? Gesetzt, es hat jemand die Vorstellung von einer künstlichen Maschine, dann wird man mit Recht annehmen, dass er entweder irgendwo eine solche von einem andern konstruierte Maschine gesehen, oder dass er die mechanischen Wissenschaften so genau erlernt hat und eine so grosse erfinderische Kraft besitzt, dass er das Modell dieser nirgends gesehenen Maschine selbst hat ausdenken können. Nun ist aber der Begriff des allerhöchsten Wesens unendlich viel umfassender und vollkommener als der einer noch so komplizierten Maschine. Es ist schlechterdings unmöglich, dass ich ihn selbst hervorgebracht, oder von einem anderen endlichen Wesen empfangen habe. Nur das allerhöchste Wesen selbst kann mir diese Idee verliehen haben. So weist also der Begriff von Gott, den ich in mir trage, mit Notwendigkeit darauf hin, dass dieses allmächtige Wesen auch wirklich existiert. Nicht durch einen logischen Schluss habe ich somit das Dasein Gottes bewiesen. Nein, mit intuitiver Gewissheit ist mir diese Tatsache klar. Ich kann nicht einmal die Vorstellung von meiner eigenen, abgegrenzten und endlichen Persönlichkeit fassen, ohne stillschweigend die Existenz eines unendlichen Wesens vorauszusetzen. Ja ich selbst würde nicht einmal existieren können ohne den allmächtigen Gott.

In diesen Auseinandersetzungen ist kein Trugschluss enthalten. Wer, wie Descartes und fast alle mittelalterlichen Philosophen vor ihm, ein so lebendiges Gottesgefühl in sich trägt, der hat auch das Recht für sich und diejenigen Menschen, in denen das Gefühl in gleicher Stärke lebt, dieses sein Gefühl zur klaren, bewussten Überzeugung zu erheben.

Unser Philosoph bedient sich noch eines anderen Gottesbeweises, nämlich des sogenannten ontologischen, in dem schon aus dem blossen Begriffe Gottes sein Dasein erwiesen wird. Ein ähnliches Argument hatte schon Anselm von Canterbury benutzt. Allein Descartes gibt den Beweis in einer weit schärferen Fassung. Sicherlich finde ich in meinem Geiste unter meinen verschiedenen Vorstellungen auch die eines allweisen, allmächtigen und vollkommensten Wesens vor. Betrachte ich genau die Eigenschaften, die dieser Begriff besitzt, so stellt sich heraus, dass er eine in sich trägt, die ihn vor allen anderen Begriffen auszeichnet, es ist nämlich die der ewigen und notwendigen Existenz. Lassen wir diese Eigenschaft weg, dann fällt sogleich der ganze Begriff in sich zusammen, dann ist er nicht mehr absolut vollkommen. Folglich muss Gott auch tatsächlich notwendig existieren.

Achten wir genau auf die Darlegung, sonst könnten wir, befangen von unseren sinnlichen Vorurteilen, dazu kommen, diesen Beweis für ein trügerisches, sophistisches Gaukelspiel zu halten. Gewiss, bei allen anderen Begriffen, die ich mir vorstelle, habe ich kein Recht, das Merkmal der Existenz als ein notwendiges hinzuzusetzen. Gibt es doch sogar eingebildete Begriffe, wie zum Beispiel der einer Sphinx, bei denen ich von vornherein mit Sicherheit weiss, dass sie nicht vorhanden sind. Aber von diesen Vorstellungen abgesehen, auch die andern Begriffe, wie z. B. der eines bestimmten Baumes, dürfen höchstens als möglicher Weise vorhanden vorausgesetzt werden. Die Eigenschaft der Existenz hat nichts mit den anderen Eigenschaften des Baumes zu tun. Der Begriff eines Baumes wird keineswegs geschmälert, wenn ich von seiner Existenz absehe.

Ganz anders verhält sich aber die Sachlage bei unserm Gottesbegriff. Nichts wäre eine schärfere Beeinträchtigung desselben, als wenn ich bei ihm das Merkmal der notwendigen Existenz wegliesse. Das ist ja gerade das Wesen Gottes, dass er allein als notwendig existierend gedacht werden muss. Ist er doch das allervollkommenste, ganz auf sich selbst ruhende Wesen, Ursache seiner selbst, wie es Spinoza im Anfang seiner Ethik ausdrückt. Nimmt man dem allerhöchsten Wesen seine notwendige Existenz, dann hat man es all seines Glanzes, all seiner überirdischen Majestät beraubt, es bleibt nichts mehr übrig als ein einfacher endlicher und beschränkter Begriff, der seinem Werte nach nicht von den anderen irdischen Begriffen verschieden ist.

5. Wenn wir genauer zusehen, dann erkennen wir, dass dieser Beweis eine überraschende Ähnlichkeit mit dem vorhergehenden hat. Im vorhergehenden wurde

gezeigt, dass die Gottesvorstellung, die wir in unserem Geiste vorfinden, eine unermessliche, alles Irdische überschreitende Grösse in sich birgt, im aktualen Sinne unendlich ist und deswegen nur von Gott selbst herstammen kann. Jetzt wird wiederum ein einzigartiges Merkmal des allerhöchsten Wesens betrachtet, es ist dasjenige der notwendigen Existenz, die gleichsam ein Korrelat zu der absoluten Vollkommenheit bildet.

Wir sehen also, auch dieser Beweis ist charakteristisch für die Anschauungsweise unseres Philosophen. Seine Seele ist voll und ganz erfüllt von dem lebendigsten Gottesbewusstsein. Keine rationalistische Kritik vermag dagegen anzukämpfen. Wenn Kant in seiner Kritik des ontologischen Beweises behauptet, mit dem Begriffe des allerhöchsten Wesens sei das Merkmal der notwendigen Existenz keineswegs verknüpft, so zeigt er damit nur, dass ihm das gleichsam realistische Gefühl von der Existenz Gottes, wie es Descartes und vor ihm das ganze Mittelalter besessen hat, abgeht. Wie man einem Blinden nicht die Existenz der Farben nachweisen kann, so ist es auch unmöglich, unsere an religiösen Gefühlen ärmere Zeit durch die Gottesbeweise Descartes' zu befriedigen. Es sind andere Gefühle, die in dem modernen Menschen wachgerufen werden müssen, um seinen Sinn für metaphysische Gedanken empfänglich zu machen. So hat Kant mit Hinblick auf das Sittengesetz, wie es unserem Geiste einwohnt, den Schluss gezogen, dass dieses Gefühl als Postulat die Existenz eines allerhöchsten Wesens fordert. So werden andere Philosophen nach ihm auf andere Wertgefühle ihre metaphysischen Anschauungen gründen und dann auf die grösste Wirkung rechnen können, wenn diese Wertgefühle, von denen sie ausgehen, auch wirklich von ihrer Zeit am lebhaftesten nachempfunden werden können.

Durch diese Betrachtungen soll keineswegs der Wahrheitsgehalt der früheren philosophischen Systeme aufgehoben werden. Sobald die Wertgefühle, die ihnen zu Grunde liegen, und deren Realität unantastbar ist, auch wenn sie zeitweilig von andern Gefühlen in den Hintergrund gedrängt werden, wieder lebendig werden, sind sie sogar wiederum im stande, eine volle, lebendige Wirkung auszuüben. Dafür haben wir am Aufleben der antiken Systeme im Zeitalter des Humanismus ein Beispiel. Aber auch selbst wenn dies nicht der Fall ist, üben die vergangenen Systeme auf den modernen Menschen eine gewisse Wirkungskraft aus, weil er immer noch genug von den Wertgefühlen besitzt, die ihnen zu Grunde liegen, mögen sie auch freilich allein nicht ausreichen, um sein ganzes Innere auszufüllen. Um dies zu ermöglichen, dazu bedarf es freilich immer neuer metaphysischer Systeme.

So bilden für den Idealisten, der von der Überzeugung beseelt ist, dass die sinnlichen Gefühle den idealen Wertgefühlen unterzuordnen sind, die idealen philosophischen Systeme in ihrer grossen Mannigfaltigkeit ein harmonisches Ganze, die bald in stärkerem bald in schwächerem Masse die Saiten seines Gemütes zu erregen, seinen Verstand zu überzeugen fähig sind. In diesem Sinne hat man voll und ganz das Recht von dem eindeutigen Charakter aller wahrhaft echten Philosophie zu sprechen.

6. Mit den oben dargelegten Beweisen haben wir die wichtigsten Argumente, die unser Philosoph vorbringt, erschöpft. Descartes ist sich wohl bewusst, welch eine Fülle von Anregungen er von seinen philosophischen Vorgängern erhalten hat. „Ich verwarf nicht die Meinungen der andern", sagt er, ausdrücklich auf seine Gottesbeweise bezugnehmend, „im Gegenteil fast alle Argumente hervorragender Menschen, die diese Sache verteidigt haben, sind in meine Beweise mit aufgenommen worden" (C. XI, 181). Dagegen hält er für

nicht beweiskräftig alle Argumente, die darauf abzielen, auf Grund der Gesetzmässigkeit und Zweckmässigkeit, wie sie sich in der Natur vorfinden, die Existenz Gottes zu erschliessen. Nicht nur ist es notwendig, das Dasein Gottes zu beweisen, bevor wir überhaupt daran denken, uns mit der Natur zu befassen, weil wir, bevor die Existenz Gottes entschieden ist, jeder sicheren Grundlage für den weiteren Ausbau der Metaphysik entbehren, selbst wenn die Natur uns schon gegeben wäre, würden doch alle ihrer Eigenart entnommenen Beweise vor der Kritik nicht bestehen können. Schliesst du aus der Unmöglichkeit, die Reihe der Naturursachen bis ins Unendliche weiter denken zu können, auf einen letzten Urgrund, so machst du dich eines unverzeihlichen Fehlers schuldig. Wie kommst du dazu, das was für dich unfassbar ist, als unmöglich hinzustellen. Du kannst dir ja auch nicht eine bestimmte endliche Grösse in eine unendliche Anzahl von Teilen zerlegt denken, trotzdem dir dein Verstand sagt, dass die Teilung bis ins Unendliche fortgesetzt werden kann. Der Verstand ist eben endlich und unfähig, die Unendlichkeit zu umfassen (C. I, 376 u. 77). Ebensowenig kann aus der Zweckmässigkeit in der Natur ein Beweis hergeleitet werden (C. II, 280). Ein derartiges Argument widerstrebt unserm Philosophen um so mehr, weil er im letzten Grunde überhaupt keine Naturzwecke anerkennt, sondern der Überzeugung lebt, dass die Natur sich aus einem einfachen anorganischen Anfangszustande heraus zu ihrer jetzigen Vollkommenheit entwickelt habe, oder dass sie sich wenigstens so entwickelt haben könnte.

Descartes glaubt vielmehr mit seinen Darlegungen die Existenz Gottes hinreichend dargelegt zu haben. Keine eigentlichen Schlüsse sind dazu nötig gewesen. Mit intuitiver Klarheit genau so wie unser erster philosophischer Grundsatz, wie die Gemeinbegriffe, haben wir diese Wahrheit erkannt.

7. Jetzt können wir getrosten Mutes sein. Durch die Betrachtung Gottes, der alle Schätze der Wissenschaft und Weisheit in sich birgt, werden wir den richtigen Weg finden, um zur Erkenntnis der übrigen Dinge zu gelangen. Wagte ich vorher keinen Schritt in der philosophischen Forschung vorwärts zu tun, aus Furcht von einem heimtückischen Dämon in die Irre geführt zu werden, jetzt darf ich frei und sicher um mich schauen. Weiss ich doch, dass Gott existiert und Gott kann mich nicht täuschen. Täuschung ist immer ein Zeichen von Unvollkommenheit. Selbst wenn die Fähigkeit zu täuschen Scharfsinn und Macht zu verraten scheint, so beweist doch die Absicht zu täuschen ohne Zweifel Bosheit und Schwäche, Eigenschaften die sich nimmermehr in Gott, dem höchsten Ideal aller Vollkommenheit, finden können.

Jetzt schwinden alle Zweifel, die ich vorher über die Zuverlässigkeit meines Urteilsvermögens gehabt habe. Bei richtigem Gebrauche kann es nicht trügen, sonst wäre ja Gott ein Betrüger. Nun weiss ich aber doch, dass ich mich häufig in meinen Urteilen irre. Habe ich ein Recht, Gott dafür verantwortlich zu machen? Keineswegs. Untersuchen wir einmal näher, aus welchen Ursachen der Irrtum entsteht, dann werden wir sehen, dass wir selbst es sind, die an seiner Entstehung schuld haben.

Gott hat mich mit dem Vermögen absoluter Willensfreiheit ausgestattet. Der Missbrauch dieser Freiheit ist es nun, durch den jedes falsche Urteil entsteht. Durch den Verstand allein gelange ich nur zu den Vorstellungen, über die ich ein Urteil fällen kann. In meinen Vorstellungen an und für sich, das weiss ich aber, steckt noch kein Irrtum, erst durch das falsche Urteil wird derselbe hervorgebracht. Das Urteil jedoch hängt in jedem einzelnen Falle von der freien Zustimmung meines Willens ab. Bin ich mir über die vorliegenden Beziehungen zwischen meinen Vorstellungen nicht klar, so kann ich jedesmal durch die Zügelung meines Willens ein falsches Urteil vermeiden.

Oft werde ich einen derartigen Fall erleben. Denn mein Vorstellungsvermögen ist naturgemäss nur endlich. Im Wesen der Endlichkeit liegt aber die Beschränkung. Es existieren sicherlich unzählige Dinge, von denen ich überhaupt keine Vorstellung habe. Wie darf ich es wagen, wenn ich in einem solchen Falle meine Willensfreiheit missbrauche, Gott dafür verantwortlich zu machen? Im Gegenteil, danken muss ich Gott dafür, dass er mir eine so unbeschränkte Willensfreiheit verliehen hat, die mein vollkommenstes Vermögen ausmacht. Ist sie doch so gross, wie ich sie mir grösser gar nicht vorstellen kann. Daher ist sie es auch vornehmlich, vermöge deren ich in mir ein Ebenbild Gottes erkenne.

So weiss ich also, dass, wenn ich in meinen Urteilen vorsichtig bin und nur den Dingen meine Zustimmung gebe, die ich klar und deutlich einsehe, ich mich stets vor Irrtümern bewahren kann. Ich bin also durch die Erkenntnis Gottes um einen grossen Schritt weitergekommen. Durfte ich vorher nur das als wahr anerkennen, was meiner Vernunft intuitiv gewiss erschien, jetzt habe ich auch das Recht, meinem diskursiven Geistesvermögen, meiner Fähigkeit Schlüsse zu ziehen, wodurch überhaupt erst eine umfassende wissenschaftliche Erkenntnis möglich gemacht wird, zu vertrauen.

8. Es gilt nun zunächst, die Vorstellungen, die ich in meinem Bewusstsein habe, einer weiteren Untersuchung zu unterziehen. Da bemerke ich eine ganze Reihe, die im Gegensatz zu allen anderen, in meinem Bewusstsein auf- und niedersteigen, ohne dass ich mich selbst an ihrer Entstehung beteiligt fühle. Aber nicht nur allein hierdurch, noch durch ein zweites charakteristisches Kennzeichen unterscheiden sie sich von den

übrigen, ich meine durch ihre körperliche Ausdehnung in die Länge, Breite und Tiefe. Wie ganz anders erscheinen mir die übrigen Vorstellungen meines Bewusstseins, sie sind unausgedehnt, unteilbar, ein echtes Abbild meines Geistes. Ja ich kann sogar ohne Zögern behaupten, sie unterscheiden sich nicht nur von den ersteren, sie stehen auch in einem direkten, scharf ausgesprochenen Gegensatz zu ihnen. Meine rein geistigen Vorstellungen, das fühle ich, sind ganz und gar von mir erzeugt. Ganz anders verhält es sich dagegen mit den körperlichen, fremd und äusserlich stehen sie mir gegenüber, gleichsam wie Bürger einer anderen Welt.

Wenn ich nun ein Recht habe, von dem mir von Gott verliehenen Urteilsvermögen einen Gebrauch zu machen, wo habe ich es eher als hier. Klar und deutlich steht mir der Gegensatz dieser beiden Vorstellungsarten vor Augen, und fest und unzweideutig wage ich es demnach zu behaupten, dass auch ein tatsächlicher, realer, nicht misszuverstehender Gegensatz zwischen ihnen besteht. In meinen unausgedehnten, unteilbaren Vorstellungen erkenne ich mich selbst wieder, sie sind Repräsentanten meines unausgedehnten, unteilbaren Wesens. Denn jetzt, wo ich Schlüsse ziehen darf, kann ich es sagen, was ich anfangs noch dahingestellt sein lassen musste, mein geistiges Ich, das ich zu Beginn meiner Untersuchung als das elementarste an den Anfang aller Philosophie zu stellende Grundfaktum erkannt habe, schliesst auch tatsächlich den ganzen Wesensgehalt meiner Persönlichkeit in sich ein. Wer will es bestreiten! Klar und deutlich sehe ich es ein. Ich müsste abermals gegen Gott den schweren, widerspruchsvollen Verdacht des wissentlichen Betruges erheben, falls ich mich irren sollte.

Ebenso fest steht es mir, dass die Fülle von körperlichen Gestalten und Bewegungen, die ich wahrnehme, nicht zu meinem Ich gehören. An irgend einer Substanz müssen sie aber haften. Denn es sagt mir ein mir innewohnender Gemeinbegriff, dass das Nichts keine Attribute hat. Nun nehme ich aber eine Fülle von ausgedehnten Attributen wahr, welcher Substanz wohnen sie inne? Es ist die Körperwelt, die sogenannte Aussenwelt, der ich sie zuzuschreiben habe.

So finde ich also nächst Gott, der den Begriff der Substanz im strengsten Sinne repräsentiert, weil er allein wahrhaft unbeschränkt und von niemanden abhängig ist, noch zwei andere Substanzen in der Welt vor, nämlich Geister und Körper.

9. Unter den mich umgebenden Körpern muss einer mit meinem Geiste in einer ganz engen Verbindung stehen. Denn sowie derselbe in irgend einer Weise von den andern Körpern affiziert wird, wird auch mein Bewusstsein von ganz speziellen Empfindungen erregt. ich nenne z. B. die Empfindungen von warm und kalt, hart und weich, Kitzel und Schmerz u. s. w., Empfindungen, die sich vollkommen unterscheiden von den Vorstellungen, die sonst die blosse objektive Wahrnehmung der einzelnen Körper in mir erzeugt. Und in der Tat, so merkwürdig es auch bei dem Gegensatz dieser beiden Substanzen erscheinen mag, es besteht tatsächlich eine innige Gemeinschaft zwischen meinem Geiste und meinem Leibe, letzterer ist ja der eben genannte von den anderen ausgezeichnete Körper.

Wir haben an den körperlichen Substanzen bis jetzt nur die Attribute der Gestalt, Ausdehnung und Bewegung betrachtet. Tatsächlich wissen wir, erregen sie in uns noch andere Empfindungen, wie z. B. Farbe und Ton, Geschmack, Geruch und dergleichen. Indes diese scheinen nur von sekundärer Bedeutung zu sein. Sind sie doch in hohem Grade von den eben genannten körperlichen Eigenschaften unterschieden. Nur die letzteren zeichnen sich durch wirkliche Klarheit und

Deutlichkeit aus, ein Kennzeichen, das uns das Recht gab, auf ihre wirkliche objektive Existenz ausserhalb unseres Bewusstseins zu schliessen. Ja sie sind mir so klar und deutlich, dass ich nichts Neues kennen zu lernen meine, wenn ich sie zum ersten Male erblicke. Und sie wohnen auch faktisch als angeborene und vollkommene klare Vorstellungen (ebenso wie die Gemeinbegriffe etc.) meinem Geiste ein. Wie könnten sie auch sonst so durchsichtig sein. Sie sind mir so gewiss, dass ich über sie eine Fülle von Urteilen abgeben kann, ohne erst in der Erfahrung eine Bestätigung suchen zu müssen. Die gesamte mathematische Wissenschaft baut sich auf ihnen auf, deren Sätze ich ja nun, da ich von der Wahrhaftigkeit Gottes überzeugt bin, nicht mehr anzweifeln kann.

Anders verhält es sich mit den Eigenschaften der Farbe, des Tones u. s. w. Sie sind zwar auch in meinem Geiste vorhanden, versuche ich sie aber ausserhalb desselben in der Körperwelt zu lokalisieren, so gelange ich zu ganz unklaren Anschauungen. Ausserhalb meines Bewusstseins gibt es nur Ausdehnung, Gestalt und Bewegung. Farbe, Ton, Kitzel, Hunger, Lust und Schmerz und alle anderen sinnlichen Empfindungen werden in mir hervorgerufen durch die Wirkungen der ausgedehnten Körperwelt auf mein Bewusstsein, sie sind nur subjektiv. So lehrt uns die Physik, dass, was mir als Klang erscheint, objektiv genommen nichts weiter ist als eine Anzahl von Schwingungen eines bewegten Körpers, ebenso entsteht die Schmerzempfindung durch eine Erregung der Nervensubstanz u. s. w.

Wir haben nun also durch unser Prinzip, wahr ist alles, was klar und deutlich ist, eine vollkommene Einsicht in das allgemeine Wesen der körperlichen und geistigen Welt erhalten. Wir haben den scharfen Gegensatz zwischen diesen beiden Substanzen erkannt. Wie schroff er uns auch erscheinen mag, wir kommen darüber nicht hinweg, er ist in der Natur der Dinge begründet.

10. Wie wir sehen, ist es ein ziemlich schroffer Dualismus, der in dem System unseres Philosophen ausgeprägt ist. Descartes ist sich dessen wohl bewusst und glaubt mit einem gewissen Recht, hierin sogar eine Stärke seiner Philosophie zu finden. Die aristotelische Philosophie hatte durch die Ausfüllung der tiefen Kluft zwischen Geist und Körper eine heillose Verwirrung unter den wissenschaftlichen Köpfen angerichtet. Rein physikalische Eigenschaften, wie z. B. die permanente Kreisbewegung der Gestirne, schrieb man verborgenen geistigen Prinzipien zu, und umgekehrt suchte man sich rein geistige Phänomene durch die aberwitzigsten materialistischsten Deutungen zu erklären (A. III, 666—67). Von diesem historischen Gesichtspunkt aus betrachtet, war die Reformation, die unser Philosoph brachte, indem er wieder an die altchristlichen Anschauungen anknüpfte, ausserordentlich segensreich. Hatte sie doch die reinigende und befreiende Wirkung eines Gewitterregens nach einem schwülen Sommertage. Mochte auch die Körperwelt von Descartes etwas kärglich ausgestattet sein, mit der neuen Betrachtungsweise war fortan die Möglichkeit gegeben, beide Substanzen getrennt und unabhängig voneinander zu studieren, das Wesen einer jeden unbefangen zu zergliedern, ohne dabei durch vage von der andern hergenommene Analogien in der Untersuchung gestört und irregeführt zu werden.

Ich will hier nicht die Frage erörtern, ob die monistische Betrachtungsweise der dualistischen vorzuziehen ist. Eine extrem monistische Weltauffassung ist sicherlich der dualistischen gegenüber im Nachteil. Aber selbst der Wert eines gemässigsten Monismus darf keineswegs immer überschätzt werden. Lässt das Descartes'sche System die Schwierigkeit offen, wie die

Wechselwirkung zwischen seinen heterogenen Substanzen zu denken sei, so stehen wir dem Spinozismus nicht minder ratlos gegenüber, wenn wir uns von den, nur verschiedene Seiten derselben Substanz darstellenden, aber deswegen nicht minder miteinander konstrastierenden Attributen ein klares Bild machen wollen. Wir haben weder eine Vorstellung davon, wie bei Descartes Geist und Körper zeitlich aufeinander wirken, noch wie sie bei Spinoza sich nebeneinander vertragen können.

In der Tat, das Verhältnis zwischen Leib und Seele gehört sicherlich zu den schwierigsten Problemen der gesamten Philosophie. Deswegen hat man freilich noch kein Recht, diese Fragen einfach beiseite zu schieben, in dem scheinbar kritischen, in Wirklichkeit aber stark dogmatischen Bewusstsein von der absoluten Fruchtlosigkeit derartiger Versuche. Mag auch das Problem nicht bis auf den letzten Rest zu durchschauen sein, mag auch die Art und Weise, in der es die einzelnen Denker aufzulösen versuchen, im tiefsten Zusammenhang mit ihren persönlichen Gemütsbedürfnissen stehen, wofern nur immer diese Gemütsbedürfnisse die Anregung zu objektiven philosophischen Analysen geben, so repräsentieren sie tatsächlich nur verschiedene Wege, auf denen die Wahrheit gesucht wird, und erfüllen vollkommen den Zweck der Philosophie, der doch dahin geht, immer tiefer einzudringen in die geheimnisvollen metaphysischen Zusammenhänge, die uns umgeben.

11. Wir haben gesehen, wie in dem Systeme Descartes' die Körper als selbständige Substanzen angesehen werden. Allein sie sind aller Lebendigkeit beraubt, sind im Grunde genommen nur leblose, tote Massen, gewissermassen Substanzen zweiten Grades. Ihre Minderwertigkeit wird uns noch mehr in die Augen fallen, wenn wir sehen werden (teilweise schon gesehen haben), was für eine Fülle von angeborenen geistigen Vorstellungen notwendig sind, um die Natur, wie sie uns tatsächlich erscheint, ihre klaren, scharf umrissenen Züge, ihre glänzende Farbenpracht, entstehen zu lassen.

Zu den vornehmsten angeborenen Vorstellungen gehören ohne Frage diejenigen, deren Realität uns von vornherein gewiss ist, die Vorstellung von unserem Selbstbewusstsein, die Gemeinbegriffe und die Gottesidee. Sie sind gleichsam unser geistiges Grundkapital, die Stützen des ganzen philosophischen Systems. An ihrer intuitiven Gewissheit darf nicht gezweifelt werden, wenn nicht unser ganzer mühsam errichteter Bau wie ein Kartenhaus durch den geringsten Windstoss in sich zusammenstürzen soll. In zweiter Reihe folgen natürlich die Begriffe, die wir durch die Analyse unseres Selbstbewusstseins gewonnen haben, also unser Wollen, Denken und Empfinden, die Idee der Substanz, der Beharrlichkeit u. s. w. Da wir sie ja nicht von aussen empfangen haben, sind sie natürlich auch zu unserem angeborenen, ureigensten Besitzstand zu rechnen.

Ausserdem gibt es noch eine ganze Reihe von anderen Vorstellungen, die uns zwar auch angeboren sind, deren Wahrheit und Realität aber erst festgestellt werden konnte, nachdem wir uns der Existenz Gottes vergewissert hatten, es sind das diejenigen Vorstellungen, die sich auf die Aussenwelt beziehen, also vorzugsweise die rein mathematischen, wie Ausdehnung, Gestalt und Bewegung, und die gesamten mathematischen Begriffe und Lehrsätze. Wir erinnern uns, wie auf Grund der Wahrhaftigkeit Gottes ihre reale Existenz ausserhalb unseres Geistes erwiesen und gezeigt wurde, dass auch die in den mathematischen Folgesätzen enthaltenen Begriffe richtig sein müssen. Dabei ist natürlich zu beachten, dass die einfachen mathematischen Axiome und Begriffe, als blosse Vorstellungen des Geistes betrachtet, natürlich schon von vornherein gewiss und in dieser Hinsicht nur die zusammengesetzten Lehrsätze einer Rechtfertigung bedürftig waren. Da aber diese Begriffe alle insgesamt sich auf die Aussenwelt beziehen, so ist ihre wirkliche gegenständliche Existenz erst durch den Beweis von der Realität der Aussenwelt erwiesen worden. Insofern trugen sie von vornherein keineswegs das Zeichen der absoluten Gewissheit an sich, wie es etwa mit der Idee des Selbstbewusstseins und der Gottesvorstellung verbunden war.

So wird es uns also nicht wundern, wenn Descartes wiederholt darauf aufmerksam macht, dass es in Gottes Hand gelegen hätte, zu bewirken, dass in den konkreten mathematischen Anschauungen die grössten Unregelmässigkeiten und Widersprüche zu Tage treten. Wenn die objektive ausgedehnte Welt um uns herum die Gesetzmässigkeit und Regelmässigkeit in ihrer körperlichen Struktur besitzt, wie sie uns in die Augen fällt, und wie sie schon unserem inneren geistigen Auge vorschwebt, dank den unserem Bewusstsein eingeborenen mathematischen Vorstellungen, so ist das ein Werk der freien schöpferischen Tätigkeit Gottes. Genau so wie alle Wesen in der Welt sind auch die räumlichen Gebilde mit ihrer spezifischen Struktur — wie wir später sehen werden auch die Naturgesetze, von denen die wichtigsten ebenfalls zu unsern angeborenen Begriffen gehören — von Gott ohne jeden äusseren oder inneren Zwang geschaffen worden. Und wenn wir keinen Grund haben, an ihrer Gesetzmässigkeit und inneren Übereinstimmung zu zweifeln, so liegt das daran, weil Gott sie nun einmal so geschaffen hat (A. I, 145—46, 151—53). Nirgends kommt der ausgesprochene theistische und persönliche Gottesbegriff unseres Philosophen stärker zum Ausdruck, als wenn er diese Punkte seines Systems berührt.[1] „Es heisst

---

[1] Ausführlich habe ich diese Tatsachen besprochen in meiner Abhandlung: „Zur geschichtlichen Bedeutung der Naturphilosophie

in der Tat von Gott wie von einem Jupiter oder Saturn
sprechen und ihn dem Styx oder dem Schicksal unter-
ordnen, wenn man behauptet, dass diese (ewigen) Wahrheiten unabhängig von ihm seien" (A. I, 145).

12. Wir wissen es, dass unsere sinnlichen Empfindungen zu unseren angeborenen Vorstellungen gehören,
ja noch mehr ausserhalb unseres Geistes überhaupt nicht
existieren (C. X, 320). Also unser Geist ist es, worauf
wir schon vorher aufmerksam gemacht haben, der die
Natur mit all der glänzenden, schimmernden Farbenpracht, die uns erscheint, umgibt. Wir können sogar
noch weiter gehen, auch die Gegenständlichkeit und
Ordnung bringt der Geist in die Aussenwelt hinein.
Die objektive Gegenständlichkeit, in der mir die Körper,
ihre verschiedenen Gestalten und Abstände voneinander
erscheinen, wird keineswegs meinem Geiste passiv von
aussen her eingedrückt; — schon die Tatsachen der
physiologischen Optik belehren uns ja darüber, dass
dies unmöglich ist — mein Verstand ist es vielmehr,
der mir die Sinneswahrnehmungen so darstellt, wie sie
mir erscheinen (C. II, 356—57). Es ist eine Tatsache,
auf die unser Philosoph immer wieder zurückkommt.
Schon das blosse Anschauungsbild, das uns die Aussenwelt darbietet, ist vollkommen durchwebt und durch-
setzt von rationalen dem Verstande entstammenden
Faktoren (C. X, 95—96).

In den Meditationen versucht der Philosoph an einem
konkreten Beispiele diese Tatsachen klar zu machen. Vor
seinen Augen liegt ein Stück Wachs, das aus einer Honig-
scheibe gewonnen worden ist. Noch hat es nicht allen
Honiggeschmack verloren, noch haftet an ihm der Duft
der Blumen, aus denen es gesammelt worden. Es ist

Spinozas". Zeitschrift für Philosophie und philosophische Kritik
B. **125.** S. 163—186.

hart, kalt, man kann es leicht anfassen. Kurz es hat alle Eigenschaften an sich, die zur deutlichen Erkenntnis eines Körpers erforderlich erscheinen.

Doch siehe da, jetzt kommt das Wachs dem Feuer nahe. Auf einmal fängt der Duft an sich zu verflüchtigen, auch der Geschmack vergeht, die Farbe ändert sich, die Form verschwindet. Schliesslich wird es flüssig und kochend heiss, so dass man es nicht mehr anfassen kann.

Ist das noch derselbe Körper, den ich früher gesehen? Ich bin fest davon überzeugt, und es gibt keinen Menschen mit gesunden Sinnen, der nicht derselben Anschauung ist. Ja selbst wenn er sich in Dampf auflöst und sich ins Ungemessene ausdehnt, glaube ich noch an seine Identität mit dem ursprünglichen Stück Wachs. Und doch kannst du mir kein sinnliches Merkmal nennen, das diese Dampfwolken mit dem ursprünglichen Körper noch gemein haben. Deine sinnliche Wahrnehmungskraft lässt dich hier vollkommen im Stich. Es ist auf Grund eines rein geistigen Einblickes, durch den du zu deiner scheinbar ganz passiv aufgenommenen Anschauung gelangst.

Diese starke Betonung des rationalen Faktors in der Wahrnehmung erinnert fast schon an die kritischen Gedanken Kants in der transzendentalen Analytik. Freilich darf man darin nicht zu weit gehen. Es sind eben bei Descartes blosse Andeutungen, die an die tiefen systematischen Untersuchungen des grossen Kritikers auch nicht im entferntesten heranreichen. Es bedurfte noch anderthalb Jahrhunderte, ehe die Menschheit für derart tiefsinnige Probleme, wie sie Kant darbot, die nötige Reife hatte. Kant kam es bekanntlich darauf an zu zeigen, wieso unsere Verstandesfunktionen auf die sinnliche Erscheinungswelt angewandt werden dürfen, sein Interesse war ausgesprochen erkenntnistheoretisch. Descartes' Absichten dagegen sind mehr metaphysisch, er will durch den Nachweis des rationalen Faktors in der sinnlichen Anschauung den Beweis bringen, dass der Geist am ursprünglichsten, am gewissesten ist, da ja selbst die körperlichen Dinge ohne seine produktive Mitwirkung uns nicht erscheinen können.

Schon deswegen übrigens lassen beide Standpunkte keinen strengen Vergleich zu, weil Descartes der Aussenwelt vollkommene Objektivität zuschreibt, wenigstens soweit sie rein körperlicher Natur ist, während sie ja bei Kant blosse Erscheinungswelt ist.

13. Wir haben die verschiedenen Gruppen der angeborenen Vorstellungen und ihre Bedeutung im einzelnen dargelegt. Es bleibt uns noch übrig, ihre Entstehungsweise zu erklären. Sollten sie tatsächlich von vornherein aktuell in unserem Geiste vorhanden sein, wie etwa die einzelnen Verse in einem Gedicht? „Keiner ist weiter davon entfernt als ich (heisst es bei Descartes), einen derartigen Haufen von scholastischen Wesenheiten anzunehmen" (C. X, 106—7). Die angeborenen Begriffe sind vielmehr potentiell in unserem Verstandesvermögen enthalten, gleich wie in einem Stück Wachs die verschiedenen Formen enthalten sind, die es anzunehmen fähig ist. Auch leugnet Descartes nicht, dass oft die Erfahrung die Veranlassung dazu bietet, in unserem Bewusstsein die schlummernden ursprünglichen Ideen wachzurufen.

Doch keineswegs ist immer Erfahrung dazu nötig. Der Verstand ist auch allein fähig, ohne jede fremde Beihilfe, die angeborenen Ideen zu erkennen. Er muss sich nur auf sich selbst besinnen und von allen sinnlichen Eindrücken freizuhalten suchen. Wir sehen, wie in diesem Punkte Descartes noch ganz und gar rationalistisch denkt (C. XI, 170).

Siebentes Kapitel.

Naturphilosophie.

1. Nachdem wir im vorhergehenden die Grundlagen der Metaphysik besprochen haben, können wir uns jetzt den philosophischen Einzeldisziplinen zuwenden. Wir wissen es, dass unter diesen die Naturphilosophie weitaus am eingehendsten von Descartes behandelt worden ist. Die allgemeine Tendenz, in der Physik alles rein mechanisch nach kausalen Gesichtspunkten zu erklären, war, wie wir gesehen haben, tief in den damaligen Zeitverhältnissen begründet. Die besten naturwissenschaftlichen Köpfe: Galilei, Kepler, Harvey, und wie sie alle heissen mögen, hatten sich dasselbe Ziel gesteckt. Keineswegs sind die Einflüsse dieser Männer auf unseren Philosophen zu unterschätzen. Auch die mechanischen naturphilosophischen Systeme des Altertums haben, wie angedeutet wurde, befruchtend auf ihn eingewirkt.

Allein alles dieses macht doch nicht das Charakteristische seiner Naturphilosophie aus. Dies lag erstens in der grandiosen und ich möchte fast sagen grausamen Logik, mit der er seine mechanischen Grundgedanken bis zu ihren letzten Konsequenzen verfolgte, sodann in dem ungeheuren, zum grössten Teil selbst geschaffenen empirischen Unterbau, der es ihm ermöglichte, sein Weltbild bis in die kleinsten Details auszumalen.

Die wesentliche Stütze der mechanischen Naturbetrachtung bildet bei Descartes die Theorie der Sinneswahrnehmungen. Der Zusammenhang dieser beiden

Anschauungsweisen liegt auf der Hand. Folgt doch die eine fast mit notwendiger Konsequenz aus der anderen. Sind die Sinneswahrnehmungen wirklich nur Phänomene, sind die Bewegungserscheinungen das Reale, das ihnen zu Grunde liegt, dann liefert die mechanische Auffassung tatsächlich die einzige wissenschaftliche Erklärung für die Zusammenhänge in der physischen Welt. Aus seinen Prämissen könnte Descartes die Alleinherrschaft der mechanischen Naturanschauung, ich möchte sagen, direkt a priori für jedermann überzeugend beweisen, gleich wie der Physiker das Vorhandensein eines bisher nicht gekannten Planeten ohne Fernrohr aus seinen Berechnungen heraus deduziert.

Nun ist aber die Theorie über die Subjektivität der Sinneswahrnehmungen angreifbar, wenigstens in der strengen Fassung, wie sie Descartes annahm, und wie sie selbst heute noch von einer ganzen Reihe von Naturforschern verteidigt wird. Zunächst ist zu betonen, dass alle räumlichen Figurationen und Bewegungskomplexe in einem ähnlichen Sinne subjektiv zu nennen sind, wie etwa die Farben und Klänge. Ein Turm erscheint grösser oder kleiner, je nachdem er mehr oder weniger weit entfernt ist. Schon dieser Umstand allein würde uns die Annahme, dass Farben und Klängen Bewegungsvorgänge zu Grunde liegen, verdächtig machen. Indes kommt noch ein direkter Einwand hinzu. Beobachten wir einmal rein objektiv, wie der Klang entsteht, wir sehen, wie eine Saite in Schwingungen gerät, und wie dann gleichzeitig mit den von der Saite sich nach unserem Ohr fortpflanzenden Luftschwingungen der Eindruck des Klanges in uns hervorgerufen wird. Klang und Schwingung treten gleichzeitig auf, sie entsprechen sich gewissermassen. Wie kommen wir aber dazu, aus diesem rein funktionalen Verhältnis, in dem das eine Phänomen die Begleiterscheinung des anderen ist, ein kausales zu machen?

Freilich mag es auch nicht recht sein, den räumlichen Figurationen eine höhere objektive Realität einzuräumen, als den Erscheinungen des Klanges, der Farbe u. s. w., trotzdem spielen sie in der Physik eine ausserordentlich wichtige Rolle. Sind sie es doch, denen diese naturwissenschaftliche Disziplin ihren wissenschaftlichen Charakter zu verdanken hat. Die Gesetzmässigkeiten, die z. B. dem Reiche der Töne zu Grunde liegen, würden uns ganz und gar entgehen, wenn nicht die gleichzeitig mit ihnen auftretenden körperlichen Schwingungen ihre exakte Feststellung ermöglichten. In diesem Sinne hat die Theorie über die Subjektivität der Sinneswahrnehmungen und die mit ihr verbundene mechanische Naturbetrachtung der Wissenschaft unschätzbare Dienste geleistet.

2. In Descartes' Naturphilosophie ist, wie schon gesagt, dieser mathematisch-mechanische Charakter in einer ganz auffallend konsequenten Weise ausgeprägt. Der Materie werden alle inneren Kräfte genommen, sie wird vollkommen identifiziert mit der physischen Ausdehnung. Der Begriff Materie kann gleichsam geradezu durch den Begriff Raum vertreten werden. Der Einwand, die meisten Körper könnten verdichtet und verdünnt werden und seien schon deswegen nicht mit dem blossen Raume zu vergleichen, erscheint dem Philosophen hinfällig. Bei der Verdünnung und Verdichtung findet keine Volumenänderung statt. Dünne Körper sind solche, zwischen deren Teilen grosse Zwischenräume sind, die durch andere Körper ausgefüllt werden. Die Verdichtung wird dann dadurch erzielt, dass bei einer Annäherung der Teilchen des ursprünglichen Körpers die fremden Körper ausgeschieden werden. Es findet genau derselbe Vorgang statt, wie wenn ein vom Wasser aufgeblähter Schwamm zusammengedrückt wird. Hiermit haben wir nach Descartes die einzig richtige Erklärung dieses Phänomens gegeben.

Lässt es sich doch schlechterdings nicht denken, dass der Körper, der vollkommen mit dem physischen Raume identisch ist, einen Teil seines Volumens einbüsst. Ein Vakuum im philosophischen Sinne, das heisst ein Ort, an dem sich keine Materie befindet, kann es demnach nicht geben. Dass man tatsächlich an ein solches Phänomen geglaubt hat, ist leicht zu erklären aus den offenbaren Täuschungen, denen wir im täglichen Leben ausgesetzt sind. Der gemeine Mann hält ein Gefäss für leer, wenn es nur mit Luft angefüllt ist. Was für ihn nicht greifbar ist, das hält er auch nicht für körperlich. Einen ähnlichen Fehlschluss macht der Philosoph, wenn er sich berechtigt glaubt, einen Raum, aus dem die Luft ausgetrieben ist, für leer zu halten. Muss denn alles Körperliche wahrnehmbar sein? Wir können es doch nicht leugnen, dass die Schärfe unserer Sinne eine bestimmte Grenze hat.

Ein Raum ohne Inhalt ist nicht nur nirgends zu finden, ein solches Phänomen wäre sogar für unseren Verstand einfach undenkbar. Allerdings besteht zwischen einem Gefäss und seinem zufälligen Inhalt kein notwendiger Zusammenhang. Wohl aber besteht ein solcher zwischen der hohlen Gestalt des Gefässes und der Ausdehnung, welche in dieser Höhlung enthalten ist und sich hinsichtlich ihrer Eigenschaften vollkommen mit denen der Materie deckt. Es ist deshalb ebenso widersprechend, einen Berg ohne Tal vorzustellen, als jene Höhlung ohne die in ihr enthaltene Ausdehnung, oder diese Ausdehnung ohne eine ausgedehnte Substanz. Es ist interessant zu sehen, mit welcher Zähigkeit Descartes seine plerotische Theorie und die aus ihr sich ergebende Konsequenz, dass ein leerer Raum ein Unding sei, verteidigt. Freilich wird der moderne Leser den Argumenten, die unser Philosoph anführt, kein rechtes Vertrauen entgegen bringen können. Das Nichts könne keine Ausdehnung haben, wäre aber der Raum nicht mit Substanz ausgefüllt, so würde er sich in keiner Weise von dem Nichts unterscheiden. In derartiger Weise sucht Descartes seine Anschauungen zu stützen.

Indes muss auch hier darauf aufmerksam gemacht werden, dass die Beweisgründe, die Descartes für die Unmöglichkeit des leeren Raumes bringt, nicht ganz unsinnig sind. Abgesehen davon, dass auch andere Philosophen, wie z. B. Leibniz, von einem Vakuum nichts wissen wollten, selbst Kant ist in der Kritik der reinen Vernunft auf diese Frage eingegangen. In den Antizipationen der Wahrnehmung heisst es: „In allen Erscheinungen hat die Empfindung und das Reale, welches ihr an dem Gegenstande entspricht, eine intensive Grösse, d. h. einen Grad". Daraus folgt, dass es unmöglich ist, aus der Erfahrung einen Beweis von einem leeren Raum zu liefern. Denn der gänzliche Mangel des Realen in der sinnlichen Anschauung kann nie und nimmermehr wahrgenommen, oder auf Grund irgend einer Erfahrungstatsache erschlossen werden. Wie wir sehen, ist eine gewisse Übereinstimmung in den Argumenten beider Philosophen zu finden. Nach Descartes ist der leere Raum überhaupt ein widerspruchsvoller, zu verwerfender Begriff. Kant glaubt, dass unser Anschauungsvermögen so organisiert ist, dass ein Raum ohne allen Inhalt nicht wahrgenommen werden kann. Beide verfahren vollkommen a priori in ihren Schlüssen. Indes wir wollen hier nicht weiter auf dieses Problem eingehen.

Noch eine weitere Folgerung können wir aus der Identifizierung von Raum und Materie ziehen, nämlich die Unmöglichkeit, dass es letzte unteilbare Stoffeinheiten, sogenannte Atome gibt. Denn falls es wirklich Atome gäbe, so müssten sie ja ausgedehnt sein, in diesem Falle wären sie aber, mögen sie auch noch so klein gedacht werden, immer weiter teilbar. Ja selbst wenn wir annehmen, Gott habe bewirkt, dass es gewisse elementare Stoffeinheiten gäbe, die nicht weiter geteilt werden könnten, so können wir sie doch nicht im eigentlichen Sinne unteilbar nennen. Denn mögen auch Gottes Geschöpfe sie nicht mehr teilen können, er selbst hat doch immer die Macht sie weiter zu teilen. So sucht unser Philosoph mit allen ihm zu Gebote stehenden Mitteln, die Haltlosigkeit aller seinen Anschauungen entgegenstehenden Theorien zu bekämpfen und die seinige als die einzig wahre hinzustellen, in der festen Überzeugung, dass die allgemeinen Grundlagen der Physik auf apriorischem Wege gefunden werden müssten. Er will sie fest und sicher gründen für alle Ewigkeit, um so der Einzelforschung ein Schema darbieten zu können, in das sie ihre auf empirischem Wege gefundenen Resultate einzufügen vermag.

3. Die Gleichsetzung von Stoff und Raum führt uns noch zu einer weiteren Reihe von Ergebnissen. Der Raum erstreckt sich nach allen Richtungen hin ins Grenzenlose hinaus. Ein Gleiches muss also auch von der ihn erfüllenden Materie gelten. Da ferner die Natur des Stoffes in nichts anderem besteht, als eine ausgedehnte Substanz zu sein, so muss er auch an allen Orten im Himmel und auf der Erde vollkommen gleichartig sein. So eröffnet sich ein überwältigendes Bild, das in seiner grandiosen Einheitlichkeit an die Naturanschauung eines Giordano Bruno erinnert. Nichts mehr von all den vagen Spekulationen über die Unterschiede zwischen der Welt oberhalb und unterhalb des Mondes, Phantasien, die im krassesten Widerspruch zu den damaligen neu gewonnenen astronomischen Anschauungen standen. Die Welt ist ein einheitliches, sich ins Grenzenlose, ins Ungemessene erstreckendes, physisches Kontinuum. In ihrer Unermesslichkeit stellt sie gewissermassen ein Abbild Gottes dar, freilich nur ein Abbild. Denn wirkliche aktuale Unendlichkeit besitzt Gott allein. Der Welt um uns herum dürfen wir nur

eine grenzenlose Ausdehnung, eine potentielle Unendlichkeit zuschreiben. Überhaupt sollen wir nicht tiefer einzudringen versuchen in das Wesen der wahren aktualen Unendlichkeit. Nur wer verwegen genug ist, seine Seele für unendlich zu halten, kann glauben, in solchen Betrachtungen von Erfolg gekrönt zu werden. „Ich habe niemals das Unendliche behandelt, es sei denn um mich ihm unterzuordnen, und habe nie zu bestimmen versucht, was es ist, oder was es nicht ist" (A. III, 293). Diese Worte sind recht charakteristisch für unseren Denker. Wir hatten früher darauf hingewiesen, wie er von der Beschränktheit des menschlichen Erkenntnisvermögens durchdrungen ist. Hier mahnt er in einem konkreten Falle den Philosophen an die seinem metaphysischen Denken gesetzten Grenzen.

4. In dem grenzenlosen physischen Kontinuum, das, wie wir gesehen haben, identisch mit der körperlichen Welt ist, fehlt indes noch ein wichtiger Faktor, ich meine die Bewegung. Ohne Bewegung wäre das All nichts weiter als ein eintöniger, unterschiedsloser Brei. Sie individualisiert die einzelnen Teile, sie gewährt ihnen erst eine spezifische Konstitution, den sogenannten Aggregatzustand, kurz gesagt, alles Leben das in diesem Riesenleibe pulsiert, bringt sie in ihn hinein. Ein arges Gedränge herrscht in dem ungeheuren Weltengetriebe. Wir wissen, es gibt keinen leeren Raum, nicht das geringste Plätzchen ist frei. So ist denn ein Vorwärtskommen nur dadurch möglich, dass alle Bewegungen wieder in sich zurückkehren. Geschlossene Kurven müssen alle Massenteilchen beschreiben, wenn anders sie sich von der Stelle rühren wollen.

Wer hat den Kosmos mit dieser Fülle von Bewegung ausgestattet, ohne die er nichts weiter als ein totes Gebilde, der Gipfel der Eintönigkeit und Langweiligkeit sein würde. Es ist natürlich Gott. Wie er alle Substanzen, körperliche und geistige, geschaffen, wie ohne seine stetige innere Mitwirkung kein Wesen auch nur den geringsten Augenblick überdauern könnte, so hat er auch die Bewegung ins Leben gerufen. Es liegt im Wesen Gottes, dass er, unveränderlich wie er ist, auch auf möglichst feste und unveränderliche Weise wirkt. Daraus können wir den sicheren Schluss ziehen, dass auch die Bewegungsquantität, mit der er die Materie ausgestattet hat, sich nicht verändert. In alle Ewigkeit bleibt immer dieselbe Menge vorhanden, wie sehr auch im einzelnen die Grösse des Bewegungzustandes, mit der die verschiedenen Massenteilchen ausgestattet sind, wechseln mag. Hiermit ist ein Naturgesetz von immenser Tragweite erkannt. Schon vorher hatte Descartes ein wichtiges Gesetz enthüllt, es war die aus der Identifizierung von Stoff und Raum mit Notwendigkeit sich ergebende Folgerung von der Erhaltung des Stoffes. Doch ist das Bewegungsgesetz weit wichtiger, weil hierdurch eine bisher unbekannte Tatsache formuliert wurde. Drücken wir das Gesetz in der exakten Form aus, wie es sich unser Philosoph gedacht hat, so müssen wir sagen, es sind die Summen der gesamten Bewegungszustände, d. h. die Summen der einzelnen Massen multipliziert mit ihren Geschwindigkeiten, die sich erhalten. Auch die moderne Physik erkennt diesen Satz an, allerdings nur für einen beschränkten Geltungskreis, nämlich für die Bewegung freier Massensysteme. Freilich hat sich Descartes bei der Formulierung dieser Tatsache eines grossen Irrtums schuldig gemacht, indem er eine Verschiebung der Richtungsänderung der einzelnen Massenteilchen nicht als eine Veränderung der Bewegungsquantität ansah, was allerdings seinem Systeme sehr zu statten kam, schreibt er doch wie wir später sehen werden, dem Geiste die Fähigkeit zu, richtungsändernd auf die Materie einwirken zu können.[1)]

[1)] Diese falsche Auffassungsweise Descartes' von der Natur des

Siebentes Kapitel: Naturphilosophie.

5. Bevor wir zu den jetzt folgenden speziellen Naturgesetzen übergehen, wollen wir betrachten, in welchen Verhältnissen die Massenteilchen zu den auf sie übergehenden Bewegungsmengen stehen. Da stellt sich heraus, dass die Geschwindigkeiten, welche die einzelnen Teilchen erhalten, genau im Verhältnis zu ihren Grössen stehen. Stehen die Massen zweier Körper im Verhältnis eins zu zwei, und gibt man ihnen einen gleichen Bewegungsanstoss, so wird das erste Teilchen sich doppelt so schnell bewegen, wie das zweite. Wir sehen also, je grösser die Masse ist, ein desto grösserer Anstoss ist nötig, um sie in Bewegung zu setzen, einen desto grösseren Widerstand setzt sie dem äusseren Stoss entgegen. Aus diesen Tatsachen spricht klar und deutlich, dass die Materie eine gewisse Trägheit, eine gewisse Widerstandsfähigkeit besitzt. Dies ist aber auch die einzige rein physikalische Eigenschaft, die Descartes in den Körpern anerkennt. Es war für ihn natürlich eine Notwendigkeit, denn sonst wäre die ganze Körperwelt nichts weiter als eine Fata Morgana, ein leeres Luftgebilde. Andererseits wird durch das Hinzutreten dieser physikalischen Eigenschaft der durchsichtige, rein mathematische Charakter der Physik keineswegs getrübt, da ja die Bewegungsmenge zur Masse in einem einfachen Zahlenverhältnis steht.

Wie unser allgemeines Naturgesetz von der Erhaltung der gesamten Bewegungsmenge im Weltall, so können noch einige andere mechanische Gesetze direkt aus der Unveränderlichkeit Gottes erschlossen werden. Das erste ist das Beharrungsgesetz. Es sagt aus, dass

---

Gesetzes bringt ihn übrigens mit seinen eigenen physikalischen Anschauungen in Widerspruch. In seinen Prinzipien nämlich setzt er das Parallelogramm der Bewegung auseinander. Dieses Phänomen weist aber mit Notwendigkeit darauf hin, dass eine Richtungsänderung bei der Summierung der Quantität der Bewegung in Anschlag gebracht werden muss.

ein jeder Körper, mag er einfach oder zusammengesetzt
sein, soviel von ihm abhängt, in seinem Zustande verharrt
und ihn nur ändert, wenn er durch einen äusseren
Anlass dazu gezwungen wird. Ist daher ein Teil des
Stoffes viereckig, so wird er immer viereckig bleiben,
so lange nicht von aussen etwas kommt, was seine Gestalt
verändert. Ebenso wird ein ruhender Körper in
seiner Ruhe, ein bewegter Körper in seiner Bewegung
so lange verharren, als sie nicht durch äussere Antriebe
gestört werden. Dieses Gesetz, von dessen absoluter
Gültigkeit Descartes mit den tüchtigsten Physikern der
damaligen Zeit überzeugt war, steht im einschneidensten
Widerspruch zu den Aristotelischen Anschauungen. Aristoteles
und mit ihm das ganze Mittelalter lebte in dem
Glauben, dass die Bewegung der irdischen Körper von
selbst aufhöre ohne jede äussere Ursache, nur der Trieb
der schweren Körper nach der Erde zu fallen, und das
Bestreben der Dämpfe nach oben zu steigen, dauere so
lange fort, bis ein äusseres Hemmnis eintrete. Wahrhaft
vollkommen dagegen seien nur die Kreisbewegungen der
Himmelskörper. Sie allein bewegen sich gleichmässig und
ungestört bis in alle Ewigkeit fort. Mit diesen auf Grund
der naiven unkritischen Beobachtung aufgenommenen
Anschauungen wurde jetzt durch die Aufstellung des Beharrungsgesetzes
gründlich aufgeräumt. Freilich dauerte
es noch geraume Zeit, bis sich die Wahrheit durchsetzte.
Wie man von der heliozentrischen Himmelsanschauung
nichts wissen wollte, weil der sinnliche Schein so lebhaft
zu Gunsten der alten Theorie sprach, so musste
auch das Beharrungsgesetz einen paradoxen Eindruck
machen, weil die oberflächliche, unkritische Erfahrung
dafür zu sprechen scheint, dass die Bewegungsintensität
der Körper auch ohne äussere Veranlassung abnimmt.

Das zweite Bewegungsgesetz, welches Descartes anführt,
ist eine unmittelbare Folge des eben besprochenen:
Jedes Stoffteilchen ist bestrebt, seine Bewegung in ge-

rader Linie fortzusetzen. Denn, können wir hinzusetzen, täte es das nicht, so würde es ja nicht mehr in seinem früheren Zustande beharren. Mag auch die Bewegung aller Körper wegen der stetigen Raumerfüllung sich nur in kreisförmigen Bahnen, in geschlossenen Kurven vollziehen, trotzdem hat der Körper in jedem Moment das Bestreben, geradlinig seine Bewegung fortzusetzen. Diese Tatsache fällt in die Augen, wenn wir einen an einem Strick befestigten und im Kreise herumgeschwungenen Stein betrachten. So wie der Strick durchschnitten wird, fliegt der Stein seitwärts davon, in tangentialer Richtung zu seiner bisherigen Bahnkurve.

Das nun folgende dritte Gesetz ist nicht richtig, wenigstens nicht in der Form, in der es von unserem Philosophen ausgesprochen wird. Noch mehr ist auszusetzen an den sieben sich daran anschliessenden speziellen Stossgesetzen. Sie sind fast alle falsch. Darum hat man jedoch noch kein Recht, Descartes einen besonders schweren Vorwurf dieser Irrtümer wegen zu machen. Die Stosstheorie ist ein viel zu schwieriges Gebiet, als dass sie in der damaligen Zeit schon mit Erfolg hätte behandelt werden können. Ist doch selbst einem Galilei, dem genial veranlagten Experimentator, die Klarlegung dieser Theorie missglückt. Freilich liebt es mancher Geschichtsschreiber der Physik, die Leistungen der Philosophen in diesem Gebiet nach einem sehr strengen Massstab zu beurteilen. Und namentlich Descartes hat darunter sehr leiden müssen.

Wir haben darauf hingewiesen, wie unser Philosoph die Bewegungsgesetze in rein metaphysischer Weise zu begründen sucht. Ebenso hatte er, wie wir wissen, die übrigen Grundlagen der Physik auf rein apriorischem Wege gefunden. Wir könnten auch in diesem Falle die Anschauungen Kants als Parallele heranziehen, um zu zeigen, wie sehr sich diese metaphysische Tendenz bis in unsere Zeit hinein fortgepflanzt hat. Es ist dies tief in der Natur des Menschen begründet, für das Wertvollste, was er besitzt, was ihm als Grundlage, als Forschungsmethode in der Wissenschaft dient, dafür glaubt er, könne ihm die Erfahrung keine hinreichende Sicherheit geben, so ist es mit den mathematischen Axiomen gegangen, so geht es auch mit den allgemeinen Naturgesetzen. Und doch konnte er damit nicht den Wandel in der Auffassung dieser Gesetze hindern. Nicht nur der Satz von der Erhaltung der Bewegung hat die mannigfachsten Wandlungen durchgemacht, bis er seine heutige Formulierung in dem sogenannten Gesetz von der Konstanz der Energie im Weltall gefunden hat, es besteht auch ein himmelweiter Unterschied zwischen den verschwommenen Begriffen, die man im Altertum, ja sogar noch zu Descartes' Zeiten von der Masse gehabt hat, und dem auf die Gravitation begründeten der modernen Wissenschaft, wonach es erst einen exakten Sinn hat, von einer Erhaltung der Materie zu sprechen. Der Einblick in diese Tatsachen wird uns daran gemahnen, immer peinlicher auf die Grenzen zwischen der Philosophie und den speziellen Wissenschaften zu achten.

6. Es wurde oben angedeutet, dass der Aggregatzustand der einzelnen Körper vollkommen durch die Bewegung bestimmt wird, wir wollen jetzt sehen, in welchem Sinne das gemeint ist. Dem Gefühle nach bemerkt man folgenden Unterschied zwischen harten und flüssigen Körpern. Die einzelnen Teilchen der Flüssigkeiten weichen leicht aus ihren Orten und machen deshalb unseren sich gegen sie bewegenden Händen ohne weiteres Platz. Die Teilchen der harten Körper dagegen hängen fest aneinander, so dass es erst eines gewissen Kraftaufwandes bedarf, um sie voneinander zu trennen. Worin besteht nun der physikalische Unterschied zwischen diesen beiden Aggregatzuständen? Es ist nach Descartes nichts anderes als die Ruhe, welche bewirkt, dass die Teilchen der harten Körper nicht so leicht von einander getrennt werden können. Gesetzt etwa, es wäre eine Art Leim, der die einzelnen Teilchen miteinander verbände. Was könnte dann dieser Leim sein? Etwa eine neu hinzutretende Substanz? Aber warum sollte eine fremde Substanz ein besseres Band bilden als die eigene Substanz, aus der die Teilchen bestehen! Soll es wiederum keine Substanz sein, sondern ein Zustand? Welcher Zustand kann es dann sein ausser der Ruhe? Gibt es denn einen Zustand, der der Bewegung mehr entgegengesetzt ist, als die Ruhe! Die aufgezählten Möglichkeiten sind aber die einzigen, denn ausser Substanzen und deren Zuständen gibt es für uns nichts.

Diese Auseinandersetzung ist so recht bezeichnend für den spezifisch mechanischen Charakter der Naturphilosophie Descartes'. Er lässt nichts weiter in seiner Physik zu als die Materie und die Bewegung und wird deswegen genötigt, in dieser wenig befriedigenden Weise die Erscheinung der Festigkeit zu erklären. Die moderne Physik hat zwar nicht so einfache und leicht zu durchschauende Grundlagen, vermag aber gerade deswegen die Natur der einzelnen Phänomene in überzeugenderer Weise zu erklären. Wie wenig tiefsinnig es auch sein mag, zur Erklärung der Festigkeit eine besondere Kohäsionskraft einführen zu müssen — Descartes würde ein derartiges Verfahren achselzuckend als erzscholastisch bezeichnet haben[1] —, so ist dies doch immer noch weit besser, als mit an und für sich einfacheren und in philosophischer Hinsicht höherstehenden Prinzipien den Erscheinungen nicht gerecht werden zu können. Bleibt es doch nach der Anschauungsweise Descartes' vollkommen unbegreiflich, warum so ausserordentlich viel mehr Kraft dazu nötig ist, von einem

---

[1] Genau so, wie er es hinsichtlich der Schwerkraft tat.

festen Körper ein Stück abzutrennen, als erforderlich ist, dieses Stück, sobald es getrennt ist, in Bewegung zu setzen, wieviel Mühe sich auch unser Philosoph gegeben hat, diese Erscheinung richtig zu deuten.

Die Natur der Flüssigkeiten und Gase erklärt sich dadurch, dass ihre einzelnen Teilchen in fortwährender Bewegung begriffen sind. Denn die Teilchen, welche sich bewegen, können nicht andere Körper z. B. unsere Hände verhindern, die verlassenen Stellen einzunehmen. Auch nach unseren heutigen Anschauungen sind die Teile der Gase und Flüssigkeiten beweglicher als die der festen Körper, freilich fehlen ihnen trotzdem nicht die bei Descartes vollkommen eliminierten inneren Kräfte.

7. Wir sind jetzt über die allgemeinen Grundlagen der Naturphilosophie genügend orientiert und können daher dazu übergehen, die Theorie, die unser Philosoph über die Entstehung der Welt aufgestellt hat, zu skizzieren. Es sind die denkbar einfachsten Annahmen, die Descartes vorausschickt. Stellen wir uns vor, dass der ganze Stoff, aus dem die Körperwelt besteht, im Anfange von Gott in lauter ungefähr gleiche Teile geteilt worden ist. Hinsichtlich ihrer Grösse sollen sie den Partikeln entsprechen, aus denen die Materie des Himmels besteht. Alle Teilchen zusammen müssen natürlich nach unserem Gesetz von der Erhaltung der Bewegung soviel Bewegungsquantität besitzen, als jetzt in der Welt vorhanden ist. Die Bewegung möge auf die einzelnen Teilchen ungefähr gleich verteilt sein. Alle Teilchen zusammen bilden den Himmel. Was die Art ihrer Bewegung betrifft, so drehen sie sich zunächst um ihren eigenen Mittelpunkt, weiter aber auch um gewisse über den ganzen Himmel verteilte Zentren, von denen die einen hinsichtlich ihrer Anzahl und ihrer Standorte den vorläufig noch nicht vorhandenen Fixsternen entsprechen, die anderen den ebenfalls noch nicht

vorhandenen Planeten, aber nur hinsichtlich ihrer Anzahl, denn letztere Zentren werden, wie wir später sehen werden, verschoben, um zu den Orten zu gelangen, wo sich auch heute noch die Planeten befinden.

Die augenblicklich allein vorhandene Himmelsmaterie repräsentiert also bis jetzt den einzigen, überhaupt in der Welt vorhandenen Stoff, sie ist die sogenannte zweite Materie, aus ihr werden später noch zwei andere Materien hervorgehen. Wie nun auch immer die Gestalt dieser Partikelchen gewesen sein mag, infolge ihrer mannigfachen in sich zurücklaufenden Bewegungen müssen sie allmählich die Kugelform angenommen haben. Dabei rieben sich alle ihre Ecken, die sie früher gehabt hatten, ab. Diese Bruchstücke sind natürlich viel kleiner als die ursprünglichen Teilchen und werden noch dazu durch die blosse Kraft ihrer Bewegungen in immer kleinere Atome zersplittert, so dass sie alle Zwischenräume einnehmen können, in welche die ursprünglichen Teilchen nicht einzudringen vermögen. Ihre Bewegung ist viel intensiver als die der ursprünglichen Partikel. Denn je kleiner ein Körper ist, um so grösser ist seine Oberfläche im Verhältnis zu seiner Masse. Da nun aber die kleinen Splitterchen auf die anderen Körper mit ihren Oberflächen stossen, so wird auch viel mehr Bewegung auf sie übertragen, als den grossen Teilchen eigen ist.

Wie wir anfangs hervorgehoben haben, drehen sich die Bestandteile der zweiten Materie um gewisse Zentren herum. Sie sehen ungefähr so aus wie riesige Wasserstrudel, nur dass wir statt des Wassers eine feine Materie haben, die etwa mit dem modernen Äther verglichen werden kann. So wird der ganze Himmel in eine ungeheuer grosse Anzahl von Wirbeln eingeteilt, eine unzählbare Menge wie die Sterne am Himmel.

Im Anfang war die Menge der abgesplitterten Partikelchen — wir wollen sie die erste Materie nennen — gering. Aber da sich mit der Zeit die Teilchen des zweiten Elementes immer mehr abschliffen, so wuchs sie allmählich an und konnte bald in den Räumen zwischen den kugeligen Teilchen der ursprünglichen Materie nicht mehr genügend Platz finden. Infolge dessen musste der Überschuss nach den Mittelpunkten der Wirbel abfliessen, dort bildete er gewisse ausserordentlich flüssige Körper, nämlich die Sonne und die übrigen Fixsterne.

An den einzelnen Stellen eines jeden Wirbels herrscht ein gewisser Druck, der sich von der Mitte des Wirbels, wo sich jetzt die Fixsterne befinden, bis zur Peripherie fortpflanzt. Die physikalische Erklärung dieses Druckes ist klar. Es ist die sogenannte Zentrifugalkraft, die durch die Wirbelbewegung notwendiger Weise entstehen muss. Descartes benutzt diese Erscheinung zur Erklärung des Lichtes. Das Licht ist nichts weiter als dieser Druck, der sich vom Zentrum aus durch die zweite Materie bis zu unserem Auge fortpflanzt. Diese Fortpflanzung erfolgt natürlich augenblicklich, da es ja in der Welt keine leeren Zwischenräume gibt. Nach unseren heutigen Anschauungen breitet sich das Licht in wellenförmigen Schwingungen aus, braucht also doch eine gewisse endliche Zeit um sich fortzupflanzen. Die moderne Theorie steht aber auch genau so wie die unseres Philosophen im Gegensatz zu den Emanationstheorien, die eine besondere Lichtsubstanz anzunehmen genötigt sind.

Bis jetzt sieht es noch recht unwohnlich im Weltenraume aus. Auf den Fixsternen kann ja kein organisches Wesen hausen. Die glühende Hitze, die dort durch die ausserordentlich schnelle Bewegung der Teilchen des ersten Elementes erzeugt wird — Wärme ist natürlich auch nichts anderes als eine Bewegung von Stoffteilchen — würde alle Lebenskeime vernichten. Doch machen wir uns darüber keine Sorgen, der erfinderische Kopf unseres Philosophen weiss für alles Rat zu schaffen. Nicht alle Ecken der Teilchen des zweiten Elementes wurden beim Abschleifen ganz und gar zerrieben und zermalmt. Eine beträchtliche Anzahl von ihnen genoss das Glück, zwischen den Teilchen des zweiten Elementes mehr oder weniger unbehelligt hindurchschlüpfen zu können. Zu diesen Günstlingen Fortunas gehörten namentlich diejenigen Abfallstücke, die in den Rotationsaxen der Wirbel gebildet wurden, wo ja naturgemäss am meisten Ruhe herrscht. Wenn nun diese Teile in Gemeinschaft mit den ganz feinen Teilen in das Zentrum des Strudels zu dem in ihm enthaltenen Fixstern hinabfliegen, dann ist nichts natürlicher, als dass sie sich zu dichten Knäueln aneinander ballen. Sind sie doch mit allen möglichen Haken, Zacken, Schrauben und Windungen versehen — alles Abdrücke des Weges, den sie durchlaufen haben. — Ausserdem haben sie auch die gehörige Zeit dazu, sich gegenseitig zu treffen und miteinander in Gemeinschaft zu treten, denn da sie eine verhältnismässig sehr grosse Oberfläche besitzen, so verzögert sich die Schnelligkeit, mit der sie sich vorwärts bewegen in ganz erheblichem Masse. Wir wollen diese in ihrer Struktur eine besondere Klasse für sich bildenden Teilchen als das dritte Element bezeichnen. Dieses Element ist stofflich mit der Substanz der Erde und der übrigen Planeten identisch.

Verglichen mit der rasenden Geschwindigkeit, mit der die Teilchen des ersten Elementes nach dem Zentrum zuströmen, kann das gemütliche Dahinschlendern dieser massiven Stücke geradezu als Schneckenschritt bezeichnet werden. Sie kriechen gleichsam auf die Oberfläche des Zentralgestirnes hinauf und überziehen es mit dunkeln Flecken. In dieser Weise erklärt Descartes die Entstehung der Sonnenflecken. Doch das interessiert uns nur nebenbei. Uns kommt es hauptsächlich auf die Entstehung der Planeten an.

Diese Sterne werden in folgender Weise erzeugt. Wenn das in einem Wirbel enthaltene Zentralgestirn ganz und gar von Flecken umzogen wird, so wird seine Rotationsgeschwindigkeit schliesslich immer schwächer, so dass sich oft dieser Wirbel nicht mehr der anderen ihn umgebenden stärkeren Wirbel erwehren kann. Dann wird er einfach mit Haut und Haaren verschlungen d. h. in den Ätherstrudel des Gegners hineingezogen und muss es sich noch dazu gefallen lassen, den Räuber als Trabant in alle Ewigkeit zu umkreisen, gewissermassen seine Leibeskorte bildend. Auf solche Weise entstehen die Planeten und Kometen. Übrigens haben die Wandelsterne keinen Grund über Ungerechtigkeit zu klagen. Denn sie machen es genau so mit den Monden. Auch die Monde waren ursprünglich selbständige Gestirne, die aber dann auf ähnliche Weise in die Atmosphäre der Wandelsterne hineingezogen wurden.

8. So haben wir denn eine ungefähre Vorstellung davon bekommen, wie sich unser Philosoph die Welt entstanden dachte. Es ist erstaunlich, was für einfache Mittel ihm für seine Zwecke genügen. Begnügt er sich doch keineswegs damit, den soeben skizzierten Rohbau aufzuführen. Seine Absichten gehen noch viel weiter. Über alle wichtigen Phänomene, die sich im Universum abspielen, versucht er uns Rechenschaft zu geben,[1]) ohne ein neues physikalisches Prinzip einzuführen. Freilich wird er dadurch genötigt, die Struktur der von ihm vorausgesetzten Materie in den einzelnen Fällen immer komplizierter zu gestalten, immer freigebiger auszustatten mit allen möglichen Verästelungen und Verzweigungen, durch diesen üppigen Formenreichtum gleichsam einen Ersatz bietend für die inneren Kräfte,

---

[1]) Sehr geistreich ist das Phänomen der Schwere erklärt.

die er der Materie genommen. Aber was schadet das. Auf Konsequenz, auf Klarheit und Deutlichkeit kommt es unserm Philosphen vor allen Dingen an. Überwältigt von der grandiosen Idee, dass der Physik dieselbe Durchsichtigkeit verliehen werden müsse, wie sie die Geometrie besitzt, lässt er sich durch keinerlei Schwierigkeiten abschrecken. Er befindet sich gleichsam in einem intellektuellen Rausch. In der festen Überzeugung, dass er alle Phänomene des Universums nach seinen apriorischen Prinzipien erklärt, sieht er in seinem extatischen Zustande garnicht, wie er gerade das Gegenteil bewirkt. Die Fülle der empirischen Erfahrungen, die er sich angeeignet hatte, liess sich nicht in so einfache Formeln bringen. Und mochte dies auch dem oberflächlichen Beobachter entgehen, weil äusserlich die Konsequenz aufrecht erhalten war. Dem tiefer Blickenden muss die Physik des Philosophen in einzelnen Partien fast wie ein Mummenschanz, wie eine Parodie erscheinen. Sieht er doch durch den luftigen mathematischen Flitter die roheste Empirie durchscheinen. Ein jedes Phänomen bekommt seine besondere Erklärung. Descartes darf es sich ja leisten. Mag die Materie im einzelnen noch so viele neue spezielle Formen annehmen. Die äussere Konsequenz ist gerettet. Wir haben nur zwei einfache Voraussetzungen, aus denen die ganze Welt erklärt wird, Materie und Bewegung. Hüllt sich die Empirie in das unschuldige Mäntelchen einer neuen Form ein, so darf sie ruhig die Grenze passieren. Aber nur um Gottes willen keine Kräfte in die Physik hereinlassen, sie sind gleichsam staatsgefährlich, irrationale Elemente, die sich nicht durchschauen lassen.

Trotz aller Verirrungen, die sich Descartes im einzelnen hat zu Schulden kommen lassen, sind dennoch seine Verdienste um die Physik über allen Zweifel erhaben. Allein schon seine wichtigen physikalischen Entdeckungen, die wir früher erwähnt haben, lassen seine grosse naturwissenschaftliche Begabung hinreichend erkennen. Aber auch seine allgemeine physikalische Methode hat ausserordentlich segensreiche Früchte getragen. Mochte sie sich auch an Sicherheit und Exaktheit mit derjenigen eines Galilei nicht messen lassen. Das tat ihrem Ansehen wenig Abbruch. Besass sie doch statt dessen den grossen Vorzug, gleichsam ein lebendiges Glied einer grandiosen philosophischen Gesamtanschauung zu sein, einem Systeme anzugehören, das durch seinen Idealismus einen tiefen Einfluss auf jedes empfängliche Gemüt machen musste. Diesem Umstande ist es wohl nicht zum wenigsten zuzuschreiben, dass die Physik Descartes' weit über den Kreis der Fachphysiker hinaus in Frankreich sich verbreitete, dass eine zahllose Menge von Gebildeten sich mit ihr befasste, bis dann späterhin durch Newton ein Umschwung in der allgemeinen Stimmung erfolgte. Man erkannte die Einseitigkeiten einer rein mechanischen Grundanschauung und liess es sich fortan nicht mehr nehmen, die Erscheinungen auch nach dynamischen Gesichtspunkten zu erklären, wobei man freilich vielfach in ein dem Cartesianischen direkt entgegengesetztes Extrem hineingeriet. Erst im neunzehnten Jahrhundert scheinen dann die Physiker wieder diejenige Unbefangenheit wiedergewonnen zu haben, die für eine vollkommen vorurteilslose, objektive Betrachtung der Erscheinungen unumgänglich notwendig ist.[1])

9. Mit welcher rücksichtslosen Schroffheit Descartes seine mechanische Naturanschauung vertreten hat, kann man dann erst ganz und gar ermessen, wenn man sich seiner Biologie zuwendet. Es gibt keine mystischen Kräfte im Organismus, auch in dem des Menschen nicht;

---

[1]) Im einzelnen habe ich diese Betrachtungen ausgeführt im Archiv f. Geschichte der Philosophie. B. XVII. S. 237—71 u. 371—412.

es herrscht in ihm vielmehr das klare und durchsichtige Getriebe, wie es sich in dem Räderwerk einer Maschine findet. Alle Funktionen des menschlichen Körpers müssen rein mechanisch erklärt werden. Mit äusserster Strenge müssen alle substantialen Formen und Qualitäten, die gerade in der Biologie am üppigsten wuchern, ausgerottet werden. Harveys mechanische Erklärung der Blutzirkulation war ihm wie aus der Seele gesprochen. „Ich finde meine Ansicht wenig von der seinigen verschieden, obwohl ich das Buch erst gelesen habe, nachdem ich meine Erklärung der Sache schon niedergeschrieben hatte". Der Philosoph, der sonst so selten historische Bemerkungen in seine Werke einstreut, kann nicht umhin, wiederholt mit anerkennenden Worten auf diese Entdeckung zurückzukommen.

Mit der rein mechanischen Erklärung aller Lebensfunktionen gibt sich Descartes keineswegs zufrieden. Die Tiere werden von ihm nicht nur hinsichtlich ihrer organischen Struktur aller biologischen Eigenart beraubt. Noch mehr soll ihnen genommen werden. Auch ihr Bewusstsein, ihr Empfindungsvermögen soll weiter nichts als eitel Schein und Trug sein. Fühllose Automaten sind sie, die durch ihre Gesten und Stimmen uns zu dem haltlosen Glauben bringen, dass sie Gefühl und Bewusstsein besässen. Mag auch Montaigne und Charron behaupten, dass es mehr Unterschiede zwischen den einzelnen Menschen gäbe als zwischen Mensch und Tier (A. IV, 575), glaubt ihnen nicht. Wie könnte es möglich sein, dass der menschliche Geist, unteilbar und unkörperlich wie er ist, irgendwelche Ähnlichkeit mit den Kräften besitzt, welche sich am tierischen Körper äussern. Eine tiefe Kluft, eine unüberschreitbare Grenze trennt vielmehr Mensch und Tier voneinander. Wir müssen uns nur an diese neue Anschauung gewöhnen, meint Descartes, dann werden wir ihre Richtigkeit schon einsehen. Wie mannigfaltig sind schon die Bewegungen, welche die durch menschliche Kunst hergestellten Automaten ausführen können. Und doch sind diese aus einer verhältnismässig geringen Anzahl von Teilen zusammengesetzt. Was brauchen wir uns also über die Leistungen des organischen Körpers zu wundern, der über eine fast unbegrenzte Menge von Knochen, Muskeln, Nerven, Arterien, Venen und anderen Teile verfügt. Dabei ist noch ganz ausser acht gelassen, dass er direkt von Gottes Hand gefertigt ist, und schon deswegen allein um vieles besser eingerichtet ist und viel wunderbarere Bewegungen ausführt, als sie menschliche Kunst je herstellen könnte.

In den Briefen und Schriften Descartes' sind noch eine ganze Reihe von Argumenten angeführt, die zur Bekräftigung dieser Ansicht dienen sollen. Es ist wohl überflüssig, dieselben hier im einzelnen wiederzugeben. Dem Leser wird ja diese offenbare Paradoxie deswegen doch nicht glaublicher erscheinen. Keine Anschauung, die unser Philosoph geäussert hat, ist so oft und so heftig von gegnerischer Seite noch zu Descartes' Lebzeiten bekämpft worden, wie gerade die eben besprochene. Allein es ist alles vergeblich. Starr und eigensinnig beharrt er bei seiner Meinung. Nur zu dem Zugeständnis ist er bereit, dass sie sich nicht streng beweisen lasse.

10. Descartes erscheint uns in dieser Hinsicht gleichsam wie ein Träumer. Die Wirklichkeit um ihn herum schwindet. Er sieht nichts anderes mehr vor sich als sein System und die Konsequenzen, die sich aus ihm ergeben. Alles was ihm widerspricht, wird einfach ignoriert, mag auch dadurch ein noch so grosser Widerspruch mit dem realen Leben entstehen.

Nur wenn wir diese suggestiven Wirkungen, die seine allgemeinen philosophischen Grundanschauungen auf seine intellektuelle Verfassung ausübten, gehörig in Betracht ziehen, können wir seine seltsame philosophische

Verirrung einigermassen verstehen. Sehr bestärkt haben
ihn in seiner Überzeugung die umfassenden Untersuchungen, welche er über das Wesen und die Bedeutung der Reflexbewegungen im menschlichen und tierischen Organismus angestellt hatte. Sie umfassen ja
tatsächlich ein grosses Gebiet, auf das das Bewusstsein
gar keinen Einfluss besitzt. Wenn unsere Augen von
einem Fremdkörper berührt werden, so schliessen sie
sich ganz von selbst, ohne dass es eines Einflusses unseres
Willens bedarf. In ähnlicher Weise wird nach Descartes das ganze tierische Leben geregelt.

So ist also das geistige Leben in der Welt auf ein
Minimum beschränkt. Das tut aber der Schönheit und
Erhabenheit des Universums keinen Abbruch. Steht
doch die gesamte Welt in einem innigen Verhältnis zu
Gott. Er ist es, der ständig dafür sorgt, dass alle
Dinge in ihrem Dasein verharren. Denn die Erhaltung
der Dinge bedarf ebensoviel göttliche Wirkungskraft,
wie ihre Erschaffung. Die endlichen Dinge sind abhängig von Gott, nicht wie der Erzeugte vom Erzeuger,
sondern wie das Licht von der Sonne, das stets von
neuem erzeugt wird. So herrscht der Geist Gottes
auch jetzt noch in der Welt. „Die unbegreiflich hohen
Werke sind herrlich wie am ersten Tag".

Die Tiere sind gewissermassen der vollendete Ausdruck des durch die Naturgesetze in der Welt verwirk-
lichten göttlichen Zweckzusammenhanges, der für uns im
letzten Grunde ja immer rätselhaft bleibt. Wie sich Descartes im einzelnen den Aufbau des tierischen Körpers aus
rein mechanischen Grundelementen dachte, darauf wollen
wir hier nicht weiter eingehen. So viel Gelegenheit er hier
auch hat, seinen Scharfsinn zu zeigen, so wenig können seine
Anschauungen den modernen Naturforscher befriedigen.

11. Wohl ist die mechanisch-physikalische Betrachtungsweise für das Verständnis des Organismus von

ausserordentlicher Wichtigkeit geworden: Das Auge wird als Camera obscura aufgefasst, die Fasern des inneren Ohres gleichen den Saiten eines Klavieres, die Bewegungen der Glieder vollziehen sich nach den mathematischen Hebelgesetzen und dergleichen. Indes man würde sich einer grossen Einseitigkeit schuldig machen, wenn man nur sie allein gelten liesse, wie es Descartes tatsächlich getan hat. Damals freilich war die mechanische Grundanschauung als einziges Forschungsprinzip für die Biologie in gewissem Sinne berechtigt, weil es überhaupt noch kein anderes gab. Und so darf auch auf diesem Gebiete der heilsame und aufklärende Einfluss, den unser Philosoph auf die verwirrten und zerfahrenen wissenschaftlichen Zeitströmungen ausübte, nicht unterschätzt werden, mag auch immerhin heute unter der überwiegenden Mehrzahl der Naturforscher sich die Überzeugung verbreitet haben, dass es unmöglich ist, die Biologie ganz und gar in Mechanik aufzulösen. So muss dem komplizierten Bau der Zelle gegenüber, deren alleinige Betrachtung viele Forscher zu ihrer Lebensaufgabe gemacht haben, die Urzeugung, wie sie Descartes konsequenter Weise vertritt, geradezu als Wahnsinn erscheinen. Es ist eben ein wesentlicher Unterschied zwischen der eine bestimmte Struktur aufweisenden lebenden Substanz und der mathematisch regelmässig gestalteten Form, wie sie auch durch anorganische Kräfte erzeugt werden kann.

Wenn wir unserem Philosophen ganz gerecht werden wollen, dürfen wir übrigens nicht vergessen, wie hoch er die entwicklungsgeschichtliche Forschung für die Aufklärung der organischen Formen angeschlagen hat. Haben wir doch selbst von ihm noch Protokolle über Sektionen, die an mehreren Exemplaren ein und derselben Tierart verschiedenen Alters vorgenommen worden waren, um einen Einblick in die Entwicklung der einzelnen Organe zu ermöglichen. Also ähnlich wie von der Physik, kann auch von der Biologie Descartes' gesagt werden, mag er die Grundprinzipien noch so einseitig nach schematischen apriorischen Begriffen aufgestellt haben, in der Detailforschung besass er eine bewundernswerte Exaktheit, die ihm sehr oft über die einseitige allgemeine Vorstellung, die er von der zu behandelnden Sache hatte, hinweghalf.

Achtes Kapitel.

Psychologie und Ethik.

1. Die Naturphilosophie Descartes' muss trotz ihrer Einseitigkeiten auf jeden unbefangenen Beurteiler geradezu überwältigend wirken durch ihre grandiose Einheit und Einfachheit. Nach streng mechanischen Naturgesetzen gestaltet sich der vollkommen gleichförmige und indifferente Stoff und bringt die unendliche Fülle von Formen und Gestalten hervor, die in der Körperwelt vertreten sind.

Ein anderes Bild begegnet uns, wenn wir uns der Betrachtung des Menschen zuwenden. Herrschte in der Natur durchgängige Einheit und Harmonie, so tritt uns hier der schroffste Dualismus entgegen. Die beiden Substanzen, Geist und Körper, die wir bis jetzt gesondert betrachtet haben, im Menschen müssen sie notwendiger Weise in Verbindung treten, müssen sie trotz ihres zwiespältigen Charakters eine innige Gemeinschaft pflegen.

Eine ausserordentlich schwere Aufgabe harrt hier ihrer Erfüllung. Die tatsächliche greifbare Existenz des Körpers lässt sich nicht in Abrede stellen. Er ist kein Phänomen wie bei Berkeley. Wie ist es nun möglich, dass der Geist, unteilbar, unkörperlich wie er ist, auf ihn einwirkt. Zunächst meint Descartes, müssen wir die gegenseitige Wechselwirkung zwischen Geist und Körper einfach zugeben. Unser Gefühl, unsere elementarsten Lebenserfahrungen sagen es uns (A. III,

691—92). Hier stehen wir gewissermassen vor einem Wunder, wir können es nicht ableugnen, können es aber auch nicht mit unserem Verstande rational erfassen. Wir haben es schon früher gesehen, unser Erkenntnisvermögen ist zu begrenzt, kann nicht alles durchschauen, an diesem Punkte stossen wir wieder einmal auf eine Schranke, die ihm gesetzt ist.

Also an der unbegreiflichen Tatsache selbst lässt sich nicht rütteln, Geist und Körper stehen nun einmal in einer innigen Gemeinschaft miteinander. Alles was der Philosoph noch vermag, besteht darin, den wunderbaren Eindruck etwas abzuschwächen, gleichsam die bittere Pille, die unsere Vernunft einzunehmen genötigt ist, ein bisschen zu versüssen. Es muss darauf hingearbeitet werden, dass der Verkehr zwischen beiden Substanzen auf einem möglichst geringen Flächenraum stattfindet, dass dabei keinerlei störende Übergriffe in das Nachbargebiet stattfinden.

2. Um zu verstehen, wie dies erreicht wird, müssen wir noch einiges über die Funktionen des Körpers und ihr Ineinandergreifen vorausschicken. Wir wissen, dass alle Wärme und Bewegung in dem Körper von ihm selbst erzeugt wird, die Seele hat damit gar nichts zu tun. Man hatte früher das Gegenteil geglaubt, die Seele sei gleichsam das belebende Prinzip des Körpers. Man sah nämlich, dass die Leichname keine Wärme und keine Bewegung mehr in sich haben, und meinte, dies aus der Abwesenheit der Seele ableiten zu müssen. Das ist aber nicht wahr, nicht die Seele trägt Schuld an dem Tode, sondern ein unbrauchbar gewordenes Organ des Körpers. Der Körper eines lebendigen Menschen unterscheidet sich von dem eines toten, wie eine intakte, im Betriebe befindliche Maschine sich von einer zerbrochenen unterscheidet. Nicht weil die Seele den Körper verlässt, wird aus demselben ein toter Leichnam, aus dem alle Wärme und Bewegung entweicht, sondern umgekehrt, weil der Körper in sich zerfällt, verlässt ihn auch die Seele.

Sehen wir es doch an den Tieren, wie der Körper allein im stande ist, das in ihm pulsierende Leben zu erhalten. Nächst dem Blute, das den ganzen Körper durchströmt, haben die sogenannten „Lebensgeister" die wichtigste Bedeutung für den Organismus. Es sind dies nach Descartes die beweglichsten und feinsten Teile des von der Herzwärme verdünnten Blutes, die in grossen Mengen nach den Höhlungen des Gehirns dringen. Denn nur sie allein können dort hingelangen, die gröberen Teile verbreiten sich in die anderen Organe des Körpers. Sie sind so fein und so beweglich, dass sie an keinem Orte des Gehirns verweilen. So wie einige Teilchen in die Gehirnhöhlen eingetreten sind, treten andere durch die Poren der Gehirnsubstanz wieder aus, gelangen von dort in die Nerven und Muskeln und setzen den Körper auf alle mögliche Art in Bewegung.

Alle Bewegung der Glieder beruht, wie unser Philosoph richtig erkennt, auf der gleichzeitigen Verkürzung der einen Muskelgruppe und der Verlängerung der entgegengesetzten. Wie wird nun dieser mechanische Prozess ermöglicht? In allen Muskeln sind eine Menge von Lebensgeistern vorhanden, die sich in einer Art labilem Geichgewicht befinden. Strömen nun vom Gehirn noch neue hinzu, so können sie trotz ihrer geringen Anzahl eine grosse Veränderung in den Muskeln hervorrufen und es bewirken, dass der gesamte Schwarm, der bereits vorhandenen Lebensgeister den einen Muskel verlässt und in den anderen eintritt. Alle diese Vorgänge können ohne jede Mitwirkung der Seele stattfinden. Gesetzt z. B. einer unserer Sinne wird durch einen äusseren Eindruck erregt. Sofort pflanzt sich dieser Reiz nach dem Gehirn fort. Im Gehirn werden dann durch die veränderte Bewegung der Lebensgeister einzelne Poren mehr als gewöhnlich geöffnet oder geschlossen, dieser

Vorgang wirkt weiter auf die Lebensgeister, treibt sie z. B. in die Muskel, wodurch, wie wir vorhin gesehen haben, die Glieder in Bewegung geraten.

Kann die Bewegung der Glieder beim Menschen, wie bald gezeigt werden wird, auch durch die Seele veranlasst werden, so hängen dagegen alle unwillkürlichen Bewegungen, wie z. B. Atmen, Essen etc., auch bei ihm, genau so wie beim Tiere, vorzugsweise von der Gestaltung der Organe und dem Lauf der Lebensgeister ab.

3. Wir wissen aber auch, dass die Seele die Bewegungen des Körpers beeinflusst und wollen jetzt dieser Erscheinung eine nähere Untersuchung widmen. Die Seele bildet mit dem ganzen Körper eine innige Gemeinschaft, und man kann im strengsten Sinne des Wortes nicht sagen, dass sie nur in einem bestimmten Teil desselben wohnt. Hat doch die Seele von Natur keinen Anteil an der Ausdehnung, weil sie unkörperlich ist.

Andererseits sehen wir uns durch gewichtige Gründe zu der Annahme genötigt, dass die Seele in einem bestimmten Teile des Körpers vorzugsweise sich aufhält, wo sie gleichsam unmittelbar ihre Wirkungen ausüben kann. Es ist dies eine in der Mitte des Gehirns befindliche kleine Eichel, die unter dem Namen Zirbeldrüse bekannt ist. Sie ist nach Descartes so aufgehängt, dass sie durch alle im Gehirn stattfindenden Vibrationen der Lebensgeister, selbst durch die feinsten, beeinflusst wird, und dass umgekehrt ihre geringsten Bewegungen eine Änderung in dem Lauf der Lebensgeister hervorzubringen im stande sind.

An diesem Ort muss die Seele ihre besondere Wirksamkeit ausüben. Denn da wir von einem Gegenstande zu einer bestimmten Zeit nur eine einzige Vorstellung erlangen, so muss es einen Ort geben, wo die doppelten Bilder der Augen — ebenso die doppelten Klänge — sich zu einem summieren können, ehe sie in die Seele gelangen.

Die Eichel ist aber das einzige unpaarige Organ, wo diese Vereinigung stattfinden kann. Ausserdem besitzt sie den geeignetsten Standort, da sie sich in der Mitte des Gehirns befindet, wo sie am leichtesten auf die Lebensgeister einzuwirken vermag.

Somit haben wir in der Zirbeldrüse den eigentlichen gleichsam neutralen Ort, wo Seele und Leib aufeinander wirken können, gefunden. Die Seele vermag die Richtung, in der sich diese Drüse bewegt, abzuändern, durch diese Richtungsänderung werden Änderungen in den Bewegungen der Lebensgeister hervorgerufen. Hierdurch wird wiederum ein Teil der Lebensgeister veranlasst, durch die Nervenröhrchen nach den Organen des Körpers zu strömen und dort Bewegungen hervorzurufen, genau so, wie wir es früher beschrieben haben. Nur richtungsändernd darf die Seele auf die Bewegungen des Körpers einwirken, sonst würde ja das Gesetz von der Erhaltung der Bewegung verletzt werden. Das Tier besitzt auch diese Eichel zur Regulierung seiner Bewegungen, nur sind es bei ihm lediglich materielle Reize, die auf seinen Körper einwirken.

Diese eigentümliche Erklärung der Wechselwirkung zwischen Geist und Körper hat nicht nur den lebhaftesten Widerspruch hervorgerufen, sie ist sogar von mancher Seite aus direkt lächerlich gemacht worden. Eins müssen wir aber dabei bedenken, nachdem einmal unser Philosoph die Realität zweier Substanzen mit ganz entgegengesetzten Attributen angenommen hatte, war es nur konsequent von ihm gehandelt, wenn er ihre gegenseitige Einwirkung auf einander möglichst verständlich zu machen suchte. Da wir das Wesen des Körpers und des Geistes mit vollkommener Deutlichkeit erkennen, muss es doch möglich sein, den Punkt, in dem beide auf einander wirken, gleichsam mit Händen zu greifen. Diese Motive waren es, die Descartes zur Aufstellung seiner seltsamen Hypothese veranlasst hatten.

4. Das Verhältnis zwischen Körper und Geist ist im vorhergehenden genügend klar gelegt worden. Wir können deshalb jetzt an das Studium der eigentlichen Seelenfunktionen herangehen. Das menschliche Bewusstsein ist nicht denkbar ohne einen bestimmten Inhalt. Gesetzt, die Seele würde einen Augenblick ihre Funktionen einstellen, sie würde für einen Moment aufhören zu fühlen, zu wollen, oder zu denken, dann wäre sie von diesem Augenblick an überhaupt nicht mehr vorhanden. Es ist ihr tatsächlich unmöglich, dies zu stande zu bringen. Der Geist ist immer tätig, mögen auch oft nur ganz dumpfe sinnliche Vorstellungen seinen augenblicklichen Inhalt bilden. Wenn wir auf Grund von Ohnmachtsfällen, von Beobachtungen an Kindern etc. den Schluss ziehen, dass die Seele wirklich manchmal ganz ohne jeden Inhalt sei, so beruht das auf einer Täuschung. Wir berücksichtigen nicht, dass in solchen Fällen das Gedächtnis versagt, beziehungsweise überhaupt nicht vorhanden ist (C. II, 75). So ist es kein Wunder, wenn wir später glauben, die Seele hätte gar nichts empfunden. Mag auch dieses Argument uns nicht überzeugend genug erscheinen, so genügt es doch, um Descartes' Anschauung in ein richtiges Licht zu setzen und sie von dem Vorwurf der Paradoxie zu befreien. Angesichts der Tatsache, dass man in der modernen Psychologie den Begriff des Unbewussten so gerne als Erklärungsgrund für eine ganze Reihe von Phänomenen des Seelenlebens benutzt, dürfte es wohl angebracht sein, hier bei der Polemik unseres Philosophen zu erinnern, dass diesem Begriffe sich auch mancherlei Schwierigkeiten entgegenstellen.

Die Seele ist ein vollkommen einheitliches Organ, verschiedene selbständige Seelenvermögen höherer und niederer Art anzunehmen, wie es Aristoteles und die scholastische Philosophie getan haben, ist grundverkehrt. Das schliesst nicht aus, dass wir ihre Art und Weise sich zu äussern unter verschiedenen Gesichtspunkten betrachten können, wenn wir uns nur immer dabei bewusst bleiben, dass es im Grunde genommen ein und dieselbe Kraft ist, mit der wir es zu tun haben.

Dies vorausgesetzt, können wir zunächst aktive und passive Tätigkeiten in der Seele unterscheiden.

Zu den ersteren gehört das Wollen. Und in der Tat fühlen wir, dass das Wollen allein aus der Seele kommt und nur von ihr abhängig ist. Es zerfällt in zwei Arten. Die eine Art endigt gleichsam in der Seele selbst, z. B. wenn wir Gott lieben, oder unsere Gedanken auf irgend einen Gegenstand richten wollen. Die andere Willensäusserung bezweckt eine Einwirkung auf unseren Körper. Wir wollen etwa spazieren gehen, dann müssen wir unsere Füsse in Bewegung setzen und auftreten. Da Descartes fest überzeugt ist von der absoluten Freiheit des menschlichen Willens, so hat er sicherlich ein Recht dazu, ihm auch eine bevorzugte Stellung den anderen Seelenvermögen gegenüber zu gewähren. Alle andern Tätigkeiten, mögen sie sich nun auf das Empfinden oder auf das Denken beziehen, können, unter diesem Gesichtspunkt betrachtet, als ein Leiden bezeichnet werden. Gedanken, Empfindungen und Gefühle wogen in der Seele des Menschen gleichsam auf und nieder, ohne dass sie erst des Willens zu ihrer Erzeugung bedürfen.

Indessen im engeren Sinne kann man auch unter den eben genannten eine Teilung in aktive und passive Seelenäusserungen vornehmen. Wenn ich einen rein geistigen Gegenstand vorstelle, z. B. mein eigenes inneres Selbst einer zergliedernden Betrachtung unterwerfe, so hängt diese Vorstellung hauptsächlich von meinem Willen ab, ich fühle mich dabei vollkommen selbsttätig. So nehmen wir uns das Recht, auch eine derartige Seelentätigkeit als aktiv zu bezeichnen. Dasselbe gilt von den freien Schöpfungen meiner Phantasie, den Vorstellungen von einem verzauberten Palast, von einer Sphinx und dergleichen. Habe ich sie doch nicht passiv jetzt oder früher einmal aus der Sinnenwelt empfangen.

Anders verhält es sich bei den sinnlichen Gedächtnisbildern, die ich in meinem Geiste erzeugen kann, den sogenannten „bildlichen Vorstellungen". Sie sind weiter nichts als Auffrischungen von früheren Sinneseindrücken. Sie entstehen nach Descartes, wenn die Lebensgeister verschiedenartig bewegt werden und dann auf die alten Spuren von früheren Gehirneindrücken treffen. So stellen sie gleichsam einen Schatten oder ein Abbild der ursprünglichen Sinneseindrücke dar.

Ferner sind selbstverständlich zu den passiven Vorstellungen zu rechnen alle sinnliche Empfindungen. Beziehen sich die letzteren auf unsern Körper, wie z. B. Hunger und Durst, Kälte und Wärme, so stellen sie gewissermassen passive Vorstellungen der reinsten Form dar. Was dagegen die Vorstellungen äusserer Gegenstände betrifft, so ist an ihrer Erzeugung, wie wir ja von früher her wissen, auch der Verstand beteiligt. Trotzdem gehören sie natürlich auch zu den passiven Empfindungen.

5. Eine besondere Gruppe unter den leidenden Zuständen der Seele nehmen die Gemütsbewegungen ein, die Gefühle und die Leidenschaften. Schon dadurch sind sie von allen andern im engeren Sinne passiven Vorstellungen unterschieden, dass sie sich auf die Seele selbst beziehen, während ja die andern, wie wir gesehen haben, sich entweder auf den Körper oder auf andere äussere Objekte erstrecken. Es hat eine ganz eigentümliche Bewandtnis mit dieser Gruppe seelischer Erscheinungen. Wollen wir sie definieren, so können wir etwa sagen, sie sind Vorstellungen, oder Empfindungen, oder vielleicht noch besser gesagt, Affektionen der Seele, die sich nur auf sie selbst beziehen, die aber von den andern Vorstellungen und Empfindungen sich dadurch unterscheiden, dass sie unzertrennlich verknüpft sind mit gewissen heftigen körperlichen Erregungen; sie werden, wie Descartes sich ausdrückt, bewirkt, unterhalten und verstärkt durch gewisse Bewegungen der Lebensgeister.

So stehen sie gleichsam in der Mitte zwischen den rein gedanklichen Vorstellungen und den sinnlichen Empfindungen und können deswegen keiner von beiden Gruppen vollständig zugerechnet werden, ohne dadurch in ihrem Wesen verkürzt zu werden.

Es liegt in dieser Betonung des selbständigen Charakters, der den Gefühlen und Affekten tatsächlich innewohnt, unleugbar ein ausserordentliches Verdienst unseres Philosophen. Wenn der moderne Mensch als eine der vornehmsten Errungenschaften der Neuzeit die Anerkennung des Gefühls als eines selbständigen Moments im Seelenleben ansieht, so möge er doch nicht vergessen, wie viel er Descartes in dieser Beziehung zu verdanken hat, einem Denker, unter dem sich mancher Laie geradezu den Vertreter einer der extremsten intellektualistischen Weltanschauungen vorzustellen pflegt.

6. Es gibt nach Descartes sechs ursprüngliche Affekte, nämlich die Verwunderung, die Liebe, den Hass, das Begehren, die Freude und die Traurigkeit. Alle andern sind nur besondere Abarten oder Verbindungen dieser eben genannten.

Das Verwundern entsteht durch eine plötzliche Überraschung der Seele. Es erscheinen vor ihr seltene und ausserordentliche Ereignisse, die ihre besondere Aufmerksamkeit hervorrufen. Dieser Affekt gehört gleichsam zu den neutralen Leidenschaften. Wer sich über eine Sache wundert, der hat zunächst nur die Absicht, dieselbe kennen zu lernen. Dieses Gefühl ist vollkommen frei von allen Regungen sympathischer oder antipathischer Natur. Dem entspricht auch das Ausbleiben jeder allzu heftigen körperlichen Begleiterscheinung.

Nur die ganz dummen und stumpfsinnigen Menschen sind zum Verwundern von Natur aus nicht geneigt. Andererseits werden die Geistvollen diese Eigenschaft nie in übermässig hohem Grade besitzen. Ein gewisses Mass ist aber immer notwendig, wenn ein Erlernen und Festhalten der Dinge möglich sein soll.

In einem gewissen Gegensatz zu der Verwunderung stehen Liebe und Hass. Ist man doch bei diesen Affekten auch an der Existenz der Gegenstände, auf die sie sich beziehen, interessiert. Der Grad der Liebe kann stärker oder schwächer sein je nach dem Interesse, das man für den geliebten Gegenstand im Vergleich mit sich selbst hat. Achtet man den geliebten Gegenstand weniger als sich, so hat man nur eine gewisse Zuneigung zu ihm, achtet man ihn ebenso wie sich selbst, so entsteht das Gefühl der Freundschaft, wächst der Affekt noch stärker an, so wird er Hingebung genannt. So kann eine schöne Blume in uns das Gefühl der Zuneigung erregen, Freundschaft dagegen können wir erst für einen Menschen empfinden. Hingebung fühlt man für das Vaterland, für den Monarchen, zuweilen auch für einen einfachen Menschen, wenn wir ihn höher schätzen als uns selbst.

Von dem Hass gibt es nach Descartes nicht so viele und so mannigfaltige Abarten wie von der Liebe. Er glaubt es aus der Natur dieses Affektes erklären zu können. Der Hass treibt die Seele zu dem Verlangen, sich von den für schädlich gehaltenen Gegenständen zu trennen. Nun achte man aber weniger auf die Unterschiede der Übel, von denen man sich trennen, als auf die der geliebten Gegenstände, mit denen man sich verbinden will.

Die Leidenschaft des Begehrens hat es, im Gegensatz zu den eben besprochenen Gemütsbewegungen, mit

Ereignissen zu tun, die erst in der Zukunft stattfinden. Dabei kann kein wesentlicher Unterschied gemacht werden zwischen dem positiven Verlangen nach einem Gut und dem Ausweichen vor einem bevorstehenden Übel. Nur das eine ist bemerkenswert, dass diese Leidenschaft im ersteren Falle von Liebe, Hoffnung und Freude begleitet ist, im zweiten Falle dagegen von Hass, Furcht und Traurigkeit. Das ist der Grund, weswegen man irriger Weise von zwei verschiedenen Affekten sprechen zu können glaubt.

Wir kommen nun zu den beiden letzten, wiederum, wie Liebe und Hass in einem gegensätzlichen Verhältnis zu einander stehenden Leidenschaften, nämlich zu den Gefühlen der Freude und der Trauer. „Die Betrachtung eines gegenwärtigen Gutes", heisst es bei Descartes, „erweckt in uns das Gefühl der Freude, dagegen die eines gegenwärtigen Übels das Gefühl der Traurigkeit, wenn das Gut oder das Übel als unser eigenes vorgestellt wird".

7. Unser Philosoph begnügt sich keineswegs mit der Erörterung dieser sechs primitiven Leidenschaften und ihrer verschiedenen Abarten, er bemüht sich auch, uns in eingehender Weise über ihre physiologischen Begleiterscheinungen Rechenschaft zu geben. Freilich kommt er dabei vielfach mit unseren heutigen Anschauungen in Konflikt. Spielen doch in seinen Erklärungen die Lebensgeister und allerhand andere heute längst als unhaltbar verworfene Hypothesen eine wichtige Rolle. Andererseits mag er wohl in seinen Bemerkungen über den Einfluss der Leidenschaften auf die Blutzirkulation in den verschiedenen Organen vielfach das Richtige erkannt haben. Treffende Bemerkungen hat er unter anderm darüber gemacht, welche Eindrücke die Gemütsbewegungen in dem menschlichen Gesichte hinterlassen, wie sie an den Bewegungen der Augen, der Nase,

der Lippen, ferner am Stirnrunzeln und endlich am Wechsel der Gesichtsfarbe zu erkennen sind. Liegen auch viele von den mitgeteilten Tatsachen unmittelbar auf der Hand, wie es ja in einer systematischen Abhandlung der gesamten Affekte ganz natürlich ist, so findet sich doch andererseits eine ganze Reihe unter ihnen, die dem oberflächlichen Blicke meistens zu entgehen pflegen. Sie zeigen, dass unser Philosoph im Verkehr mit andern Menschen ein scharfes Beobachtungstalent entwickelt und seine vielen Reisen nicht umsonst gemacht hat.

8. Welche Bedeutung haben nun die Leidenschaften für das menschliche Leben? Wir wissen es, sie können, je nach ihrer verschiedenen Einwirkung auf den Menschen, ihm das Dasein zum Himmel oder zur Hölle machen. Ohne alle Leidenschaften wäre das Leben ein ödes, langweiliges, trostloses Einerlei. Es zeugt von einer düsteren, durchaus verkehrten Weltanschauung, wenn man die Menschen dazu anhalten will, alle ihre natürlichen Triebe zu ersticken. Nichts liegt unserem Philosophen, wie er wiederholt in seinen Briefen versichert, ferner, als eine derartige asketische Denkungsweise zu empfehlen. Im Gegenteil der wahrhafte Weise wird die Annehmlichkeiten und Vorteile, die wir durch die Leidenschaften erlangen können, wohl zu schätzen wissen.

Wenn wir aber aus den Leidenschaften einen wirklichen Nutzen für unser Leben ziehen wollen, so gilt es zunächst die Mittel zu überlegen, durch die wir sie beherrschen können. Denn solange wir noch nicht fähig sind, sie im Zaum zu halten, bringen sie uns weit mehr Gefahren und Unannehmlichkeiten als Glück. Sind wir einmal von einer Gemütsbewegung voll und ganz ergriffen, so ist es gar nicht so leicht, dieselbe aus unserer Seele wieder zu verdrängen. So genügt zur Beseitigung des Angstgefühles vor einem Feinde der blosse Wille keineswegs. Man muss vielmehr die Aufmerksamkeit auf die Gründe richten, welche zeigen, dass die Gefahr nicht gross ist, dass die Verteidigung viel eher anzuraten ist als die Flucht, dass der Sieg Ruhm und Freude, die Flucht dagegen nur Ärger und Schande bringen wird. Indessen selbst durch diese Überlegungen wird das Gefühl der Furcht in uns noch nicht ganz beseitigt. Dazu ist die Gemütserschütterung viel zu heftig. Was der Verstand zunächst nur erreichen kann, ist, dass er den Willen dazu veranlasst, die körperlichen Bewegungen, die der Affekt zur Folge hat, also in diesem Falle, die Bewegung der Füsse zur Flucht, zu unterlassen. Das Angstgefühl selbst schwindet erst nach und nach.

Indessen ist das ja immerhin schon viel, haben wir doch in dieser Weise die schädlichen Folgen der Leidenschaft verhütet. Freilich werden eine derartige Wirkung nur die wirklich starken Seelen erzielen können, die sich von ihren Gefühlen nicht hinreissen lassen, sondern sie durch ihren vom Verstande geregelten Willen zu bändigen wissen. Die schwachen Seelen dagegen können sich solcher Siege über ihre Affekte nicht rühmen. Willenlos sind sie ihren Leidenschaften preisgegeben, den guten sowohl wie den schlechten. Was in ihrer Seele den Affekt niederzwingt, das ist nicht der vernünftige Wille, das kann nur geschehen durch einen anderen stärkeren Affekt, der den früheren beseitigt, um nun seinerseits die Herrschaft über den Geist auszuüben.

Ist nun diese Fähigkeit, die es ermöglicht die Leidenschaften in Zaum zu halten, ausschliesslich Sache der Veranlagung? Keineswegs. Es ist vielmehr eine Charaktereigenschaft, die sich durch Übung jedermann aneignen kann. Selbst die schwächsten Seelen können Herr über ihre Affekte werden, wenn sie sich entschliessen, ihren Willen durch feste und bestimmte Grund-

sätze zu lenken. Dann werden sie fast unumschränkte
Gewalt über ihre Leidenschaften bekommen. Vermöge
ihres freien und in dieser Weise gestählten Willens
sind sie im stande, nach Belieben über sie zu verfügen.
Die bösen Leidenschaften werden sie in der oben geschilderten Weise unschädlich zu machen suchen. Ist
dies einige Male gelungen, so kostet es schliesslich
immer weniger Mühe, ihr abermaliges Emporkommen
zu verhindern. Den harmlosen und guten Leidenschaften dagegen können sie sich ruhig bis zu einem
gewissen Grade hingeben und freudig die Annehmlichkeiten, die sie ihnen bereiten, geniessen.

9. Durch diese Betrachtungen sind wir gleichsam
unmerklich aus dem Gebiete der Psychologie in das der
Ethik gelangt. Tatsächlich gibt es auch keine feste
Grenze zwischen ihnen. Das Studium der seelischen
Funktionen, die Betrachtung der Leidenschaften und die
Erforschung ihrer Bedeutung für das menschliche Leben,
alle diese Erkenntnisse bergen schon im Keime die
Normen in sich, die für unser praktisches Leben mass-
gebend sind. Wie es für den wahrhaft tüchtigen Arzt
viel wichtiger sein muss, die Gesundheit des menschlichen Körpers zu kräftigen, damit er von vornherein
Krankheiten weniger leicht ausgesetzt ist, oder damit,
im Falle sie nicht zu vermeiden sind, wenigstens der
Organismus nicht so heftig von ihnen angegriffen wird,
so hat auch derjenige, welcher die menschliche Seele
vor Schaden bewahren will, zu verfahren.

Wir wissen es, unser Philosoph ist Idealist. Er
wird es nie billigen, wenn im praktischen Leben die
Tugend hinten angesetzt wird. Andererseits sollen wir
aber durch die Erziehung unseres Willens dafür sorgen,
dass die Konflikte zwischen unserem sittlichen Gefühl
und unseren unmoralischen Trieben möglichst verringert
werden. Wer ernstlich gewillt ist, sein Leben nach

vernünftigen Grundsätzen einzurichten, der wird sehen, dass man tugendhaft sein kann, ohne deswegen die Glückseligkeit zu entbehren. Die Stoiker sowohl wie die Epikureer huldigen extremen Anschauungen, die unser Philosoph nicht billigen kann. „Die Tugend erscheint einem nicht so begehrenswert, wenn man sie allein sieht und wiederum kann Glückseligkeit uns nicht zuteil werden, wenn wir nicht tugendhaft sind" (A. IV, 276).

Zweierlei ist für den Menschen notwendig, damit er wahrhaft glückselig werde. Zunächst Güter, die ganz und gar von ihm abhängen, nämlich Tugend und Weisheit. Ausserdem bedarf es freilich noch ein gewisses Mass von äusseren Gütern. Doch braucht dies keineswegs gross zu sein. Der Weise besitzt in sich innere Kraft genug, um auch mit wenigem zufrieden zu sein. So wird er sicherer als die anderen Menschen zum Genuss der Glückseligkeit gelangen. Denn was diese für gewöhnlich um den Genuss ihres Daseins bringt, die Jagd nach Gütern, die ihnen versagt sind, das liegt ihm vollkommen fern. Ganz und gar durchdrungen von dem Bewusstsein, dass seine Macht sich nicht weiter erstreckt, als seine Gedanken reichen, durchschaut er die Zwecklosigkeit und Torheit derartiger Wünsche.

Diese schlichten ethischen Anschauungen, wie sie unser Philosoph vertritt, müssen auf jeden unbefangenen Menschen einen ausserordentlich sympathischen Eindruck machen. Spricht doch aus ihnen der Geist wirklicher Humanität und Menschenliebe, der am erfolgreichsten das bessere Selbst im Menschen wachzurufen und läuternd auf sein sittliches Empfinden einzuwirken vermag.

10. Übrigens missverstehe man die Anschauungsweise Descartes' nicht dahin, dass man in ihr einen übertriebenen Optimismus zu erkennen glaubt. Tugend und Glückseligkeit, das weiss er wohl, finden sich in diesem Leben nicht immer in dem Masse zusammen, wie es unser Gerechtigkeitsgefühl erfordert. Aber im Jenseits findet nach seiner Überzeugung der volle Ausgleich statt. Uns sind Genüsse und Freuden bestimmt, die viel grösser sind, als diejenigen, die uns in dieser Welt zuteil werden, vorausgesetzt, dass wir uns nicht durch Schlechtigkeiten ihrer unwürdig machen (A. III, 579).

So führt uns die Moral zur Religion. Die vorhin postulierte Unsterblichkeit ist uns verbürgt. Ist doch unsere wahre Persönlichkeit ein unkörperliches, einheitliches Wesen, eine reine Substanz, die unvergänglich ist. Nur Gott könnte sie vernichten, das ist aber bei der allumfassenden Güte des höchsten Wesens ausgeschlossen. Gott erhält uns nicht nur in unserem Sein, er wirkt auch ein auf unser ganzes Tun und Lassen. Ja er vermag sogar trotz unserer Willensfreiheit unser zukünftiges Schicksal vorauszusehen. Das Wunderbare, das hierin liegt, kann der menschliche Verstand freilich nicht enträtseln. Aber das braucht uns nicht zu bekümmern. Wir wissen es, dass es Gott mit uns gut meint und nur für unser Bestes besorgt ist. Diese Überzeugung von dem warmen und innigen Anteil, den das allerhöchste Wesen an unserem Geschick nimmt, wird uns nicht nur mit Dankbarkeit ihm gegenüber erfüllen, sie wird auch das Gefühl einer ausserordentlichen unsagbar grossen Liebe zu ihm in uns wachrufen, ein Gefühl, das so mächtig zum Ausdruck gelangen kann, dass ihm sogar nichts von der sinnlichen Lebhaftigkeit und Glut, mit der die Liebe zu einem irdischen Geschöpf verknüpft ist, zu fehlen braucht (A. IV, 608—9).

Seine moralischen und religiösen Anschauungen hat Descartes, wie wir sehen, nicht in streng methodischer Weise aus seinen allgemeinen metaphysischen Prinzipien abgeleitet. Es ist vornehmlich die so stark hervortretende idealistische Stimmung, die auf den inneren Zusammenhang zwischen seiner theoretischen und praktischen Philosophie hinweist. Dafür spiegelt die letztere um so charakteristischer die Persönlichkeit Descartes' wieder, die Ethik seine humane und menschenfreundliche, jedem Rigorismus abgeneigte Gesinnung, die Religionsphilosophie, seinen eigentümlichen Hang zum Mystizismus.

11. Wir haben im vorhergehenden versucht, dem Leser das Wesen und die Bedeutung der Philosophie Descartes' vor Augen zu führen. In einer Zeit der grössten philosophischen Zerfahrenheit ist er es gewesen, der der idealistischen Gedankenrichtung wiederum eine feste Position verschafft hat. Wie er einerseits mit einer für die damalige Zeit unerhörten Kühnheit und Vorurteilslosigkeit die Autonomie der menschlichen Vernunft vertreten und eine vollkommene Reorganisation der Philosophie angebahnt hat, so war er andererseits weit davon entfernt, die mittelalterlichen philosophischen Ideenmassen in ihrer Gesamtheit zu verwerfen. Was er davon brauchen konnte, was sich nach seiner Anschauung vor dem Forum des Verstandes rechtfertigen liess, das hat er sich zu eigen gemacht und mit aufgenommen in seinen philosophischen Gedankenbau.

Wir wissen es, zu seinen Lebzeiten hat Descartes relativ wenig Anhänger gefunden. Die teils schüchternen, teils kecken Versuche seiner Schüler in Holland, die neue Lehre in den Universitäten zu verbreiten, wurden von der argwöhnischen Geistlichkeit mehr oder weniger unterdrückt. Noch geringer war sein Einfluss in Frankreich, mochte sich auch in den letzten Lebensjahren unseres Philosophen ein ganzer Kreis von Gebildeten für den holländischen Einsiedler interessieren, eine vollkommene Würdigung seiner Verdienste hat er von ihnen nicht erfahren.

Nach seinem Tode verbreiteten sich freilich seine philosophischen Ideen in weitere Kreise. Wir wissen es, es gab Zeiten, in denen seine Naturphilosophie geradezu Mode war, in denen es zum guten Ton gehörte, dass sich sogar die gebildeten Frauen mit ihr beschäftigten. Indes einen wahrhaft tiefen und nachhaltigen Einfluss hat Descartes stets nur auf einzelne hervorragende Köpfe ausgeübt. Aber gerade darin zeigt sich die eminente Fruchtbarkeit seiner Philosophie. Ein Spinoza, ein Leibniz, ein Kant, sie alle konnten nicht umhin, sich mit ihm auseinanderzusetzen, sie alle haben teils bewusst teils unbewusst eine Fülle von bedeutungsvollen Anregungen von ihm erhalten. In diesem Sinne wird Descartes mit vollem Recht von jedem objektiven und unbefangenen Historiker als der Vater der modernen Philosophie bezeichnet.